哲學、美學與批判思考

魚三吃

林斯諺　著

三民書局

是作家的哲學家

　　斯諺的這本哲學書《一魚三吃！》，定位為一本哲學普及書籍，在臺灣以及國際眾多哲學普及書籍市場上，確有其獨特之處。

　　我常勉勵自己、同事以及學生們，「哲學家也得是作家」，不管是學術性的哲學著作，或是相對較為普及的哲學著作，我總希望能寫出讓人們想讀、易讀，以及讀來有所收穫的文章或是書籍。然而，在大學裡工作的哲學教授們，幾乎絕大部分都是先具備了哲學專業能力，而後才試圖成為出版著作的作者。但在成為寫出好作品的「作家」的道路上，讓著作具有超出研究成果的可讀性，往往是辛苦萬分，難以達成。

　　然而，斯諺卻是個相當不同的例子。斯諺從一開始就是一個作家，更精確地說是個偵探小說家，在出版了超過 10 本偵探小說後，才成為大學哲學系的教授。斯諺現在依然持續地出版新的偵探小說，而這本《一魚三吃！》，則是斯諺以不曾間斷的專業作家身分，為讀者寫的哲學普及書。身兼專業哲學教授的作家所寫的哲學普及書，是難得一遇的，必定能提供讀者們不一樣的美好哲學閱讀體驗，希望所有人都能找個機會好好享受。

　　這本《一魚三吃！》在內容上涵蓋了三個哲學領域，分別是邏輯與批判性思考、一般哲學領域的概述，以及美學領

域。做為一名專業的哲學教授，斯諺的學術專長是所謂的「美學」領域，而讀者也可合理預期，這本書在美學領域上的討論，將非常精彩。

或許有些讀者疑惑，什麼是「美學」？這個問題的答案，我留給讀者到這本精彩的書中去挖掘，而以下我只提個觀點以及一個小疑問，讓讀者帶著它去閱讀這本書。在美學的討論中，常聽到一個觀點，認為「美」只存在於人心之中，「美」是「主觀的」，並非真的存在這個自然世界裡；「美」只是人們相應於這個世界中各種物理及自然現象，而產生的一種獨特的認知或感受，而如果在這個自然世界中沒有像人類這種具有獨特認知力與感受力的生物存在，根本就不會有「美」的存在；就像「好吃與不好吃」因人而異，而「美還是不美」也是可因人而異的。

而我的同事謝哥，對於「美是主觀的」這樣的想法相當不以為然。有次聚會的場合，大家在酒酣耳熱之後，談起了品酒的美學，爭議起酒的好喝與否，是否只是人們的主觀感受，或是存在於酒本身的客觀性質（當你認為某瓶酒不好喝，有可能只是你搞錯了）。在爭執中，謝哥說道：

> 想像某個傍晚，你看著夕陽，覺得夕陽真美，真的是非常的美。難道，沒有你，或沒有任何人在那個當下看著夕陽，夕陽就變得不美了嗎？不是這樣的，在那個當下，夕陽還是一樣的美，不管有沒有人在那個當下看著它，夕陽就是那麼美，不是嗎？

你覺得謝哥說的有道理嗎?或許你現在有答案,而或許,等你讀完這本書,你會有不一樣的答案。

王一奇
國立中正大學哲學系教授

享受思考樂趣的使用說明

應該沒人不想要幸福，問題在於：到底怎樣才能得到幸福？理論上，追求幸福的人應該：

1. 先問自己：「到底怎樣才能得到幸福？」
2. 找到自己的答案
3. 實際嘗試看看這個答案是否行得通
4. 在不如預期處修正答案並繼續嘗試

然而這個理論上的做法並不是大部分人的做法，因為當前社會相當鼓勵你直接接受眼前各種預設的答案套餐，例如升學主義（成績和文憑最終能為你換來幸福）、資本主義（努力可以換到錢，錢可以換到幸福）、傳統家庭價值（幸福就是有個完整的家庭，包含一夫一妻和小孩）等等。當眼前的答案太具體明確，而拒絕這些答案的人（質疑教育體制或資本主義的人，以及不婚主義者和同性戀）會多多少少受到社會懲罰，我們自然不被鼓勵去思考到底怎樣才能得到快樂。

錯過這種思考其實挺可惜，第一個理由是，這些思考往往還真的能讓我們看到其他出路，像是：

1. 要知道到底怎樣才能得到幸福，好像得先知道什麼是幸福，是嗎？

2. 幸福好像是一種感覺，是嗎？若是這樣，那幸福就是一種心理狀態。

3. 如果幸福是內心的狀態，那麼改變內心就可以獲得幸福，是嗎？

　　順著這個脈絡思考下去，我們有機會得到某種「往內在探詢」的幸福解決方案，這個解決方案其實也相當古老，流傳在佛教徒之間。

　　這類思考有價值的另一個理由是：如果你有能力察覺思考的樂趣，那麼思考本身就有機會增加你的幸福。幸福是什麼？幸福是人生中最重要的事嗎？生命的意義是什麼？當我們意識到這些問題、仔細思索、建構假說、發想反例、取得進展，這一連串認知行動，本身就是快樂而且相當有意義的事。

　　在《一魚三吃！哲學、美學與批判思考》裡，林斯諺以身示範如何以哲學家的方式挑戰這些有趣的問題，並且取得進展。林斯諺不但介紹有趣的哲學問題，也說明哲學家面對這些問題時進行的努力和發想出來的奇思妙想。這本書不但幫助你了解哲學概念和論證，也幫助你體會這些概念和論證的好玩之處，讓你成為一個有機會藉由思考來增加幸福的人。

　　林斯諺的學術專長是分析美學，這在臺灣非常少見，他在本書第三部分規劃的美學討論，也讓《一魚三吃！》成為

難得的藝術哲學入門選擇。除了上述一般性的哲學問題和思考技術，若你對於藝術創作、藝術體驗或藝術詮釋感興趣，這本書是很好的起點。

　　本書內容大致上沒有順序之分，你可以看看目錄，也可以隨意翻閱，挑自己好奇的問題來投入。而當你真正對哲學感興趣，才能從哲學獲得最好的東西。

朱家安
哲學雞蛋糕腦闆

關於本書

　　我在 2019 年到 2020 年之間與鏡傳媒底下的部門鏡文化合作，錄製「哲學好好玩」系列播客 (podcast) 節目，主要目的是將學院中的知識傳播給一般社會大眾，也就是所謂「哲學普及」的工作。當時製作的方式是由我先撰寫逐字稿，再按照稿子的內容來錄音。每集長度約在 12 分鐘左右（含音樂）。考慮到現代人忙碌的生活，每集字數控制在 3000 字上下，聆聽／閱讀時間約 10 分鐘。

　　我與鏡文化合作製作了 3 季的節目，1 季 10 集，總共 30 集，每季都有自己的主題。合作過後，我開始思考要將這些稿子出版。由於這些文字內容的著作財產權是在鏡文學股份有限公司手上，我在取得授權後，開始積極尋找出版社。與出版社簽約之後，著手修訂、整理這 30 篇逐字稿。文章修訂的幅度約在 15% 至 20% 不等，訂正許多錯漏，也重新調整各篇的順序。

　　要先聲明的是，這不是一本教科書。教科書必須提供系統化的知識，也必須涵蓋各個議題的重要概念。教科書的受眾是學院內相關科系的學生。然而，本書的定位是哲普書，受眾是沒有哲學背景的一般社會大眾。對於這類讀者而言，目的在於利用空閒時間吸收新知。為了達成這個目的，普及性的讀物必須將專業化的內容用簡明易懂的方式呈現給受

眾。如果用「上課」的前提來寫哲普書，可能會讓書的內容變得過於冗長或艱深，反而無法達成普及知識的效果。學術著作與普及讀物的對比就猶如純文學與大眾小說的對比，大眾小說注重的是可讀性，知識普及讀物亦然。不過本書的內容作為大學通識課的輔助教材或是補充教材是適合的，我自己亦在課堂上多次使用，這是因為通識課本身就具備知識普及的特徵。

關於本書的章節編排也有必要說明。本書分為三部分，第一部分介紹哲學的基本思考工具，也就是批判思考；第二部分是普及版的哲學概論，十章分別介紹哲學十個領域的議題，包括形上學、知識論、倫理學、邏輯、科學哲學、語言哲學、心靈哲學、法律哲學、宗教哲學以及美學；第三部分集中介紹美學。也就是說，三個部分的編排是先從最廣泛的題材談起，再慢慢收窄範圍。先談哲學的基本思考工具，再談哲學，最後談哲學的某個特定領域。希望讓讀者有一種「逐漸聚焦」的閱讀感受。當然，這不代表讀者一定要按照順序讀，其實可以先隨便翻，停在自己感興趣的地方。

期待諸位在閱讀過程中都能感受到哲學與思考的樂趣。

一魚三吃！
哲學、美學與批判思考

目次

Part 1 讓你變得更聰明
——人人都該學習的批判思考

▍Part 2 你會問問題嗎？

Part 1 讓你變得更聰明
──人人都該學習的批判思考

想要變得更聰明嗎？第一部分要來向各位介紹批判思考的基本概念，期望能讓讀者們的思考變得更敏銳。

活在這個世界上，我們必須做出很多選擇與判斷，我們對很多事情也會有自己的想法。如何判斷別人說的話是對的？如何判斷自己的想法有沒有問題？學會了批判思考的技術，你就像裝備了敏銳的思想偵測器，不但能偵測別人的錯誤，也能修正自己的看法。

防衛假新聞的第一利器
——學習批判思考的能力

目前國內外大部分的大學都設有批判思考 (critical thinking) 或者類似的課程,例如思維方法或邏輯思考與應用,可見批判思考被視為是高等教育非常重要的一環。但什麼是批判思考呢?簡單說,你可以把它當成是一種思考的技術。就像做菜一樣,有些人技術差,做出來的東西很難吃,有些人技術好,可以做出美食。同樣道理,懂得思考的人能夠正確判斷很多事情,不懂得思考的人也許不至於無知,但卻會錯誤地判斷很多事情。哪一種人的生活能過得更好?答案應該昭然若揭。

關於如何正確或審慎判斷事情,在資訊與社群媒體發達的年代尤其重要。近年來網路上假新聞層出不窮。當我們隨意在網路上瀏覽時,各式各樣的資訊如潮水般襲來,除非這些訊息極度荒誕不經——比如說林斯諺的小說在一天內賣出了一百刷——否則的話,我們大多會相信它,或至少不會在第一時間懷疑。例如,如果某個臉書貼文被轉貼上千次,內容是某位政治人物在某個場合做了不好的事,你的第一個反應可能是「天啊,他怎麼會做這樣的事」而不是「大家可能都被騙了」。畢竟人是有惰性的,這種惰性也會展現在思考上。比起直接接受訊息,抱持懷疑的態度會讓我們比較累、比較不輕鬆,因為必須用腦。但是所謂盡信書不如無書,尤

其是現在網路時代，真假虛實難辨，如果不建立起懷疑的態度，一味地接受所有訊息，這會是一種危險的盲目。

我們可以換個說法來刻畫上述的懷疑態度。在剛剛臉書的例子裡，我們在意的是某政治人物是否真的做了不好的事。如果你認為臉書訊息說的事真的有發生，你當然會相信他真的做了不好的事；如果你否認訊息的真實性，你就會說他沒做。不管你相信他有做或沒做，你都相信某件事，換句話說，你擁有某個信念 (belief)。這個信念可以看成是一個述句 (statement)。例如「某某候選人做了不好的事」。其他句子像「明天會下雨」、「1 + 1 = 2」或是「文化大學在陽明山上」都是述句的例子。

述句最大的特徵就是可以為真 (true) 或為假 (false)。「文化大學在陽明山上」這句話當然是真的，但「美國第 45 任總統川普是女人」這句話就是假的。然而，有很多句子沒有真假可言，例如問句、祈使句、命令或寒暄。當我問你「吃早餐了沒？」這句話本身沒有真假可言，因為去談論它的真假是沒有意義的。但你如果回答：「我吃過早餐了。」你的這句回答就有真假可言。如果你吃過了，你這句話就是真的，如果你沒吃，這句話就是假的。問句是在詢問而非陳述某件事的狀態，因此無所謂真假。同樣地，像「別動」這樣的命令也沒有真假可言。當有人拿槍指著你並這樣說的時候，他是在下達一個指令，而不是在陳述某件事的狀態，以至於我們可以去判斷這個狀態的成立與否（也就是真假）。換個角度想，我們並不會把問句、祈使句、命令或寒暄當成信念。

　　信念在我們的生活中扮演很重要的角色。人活在世界上就是依著信念在行事。一個人不可能不相信任何事而活著。你相信被車子撞到會受傷甚至死亡，所以過馬路會看車子；你相信吃東西可以消除飢餓感，所以煮東西來吃；你相信財富可以讓你的生活過得更好，所以認真賺錢；你相信某候選人是好人，所以投票給他；你相信某人是恰當的伴侶，所以跟他結婚；你相信某家店衛生不好，所以不再去吃。既然信念主導了我們的選擇與行動，如何評價與導出信念便十分重要。

　　通常我們接受信念都會有個理由 (reason)。你相信某候選人品行不好，是因為你看了臉書的貼文，上面說該候選人在某個場合做了不好的事；你相信某家餐館衛生不好，是因為在湯裡面發現了一根頭髮。用哲學的術語來說，我們可以把你拿來支持信念的理由稱為前提 (premise)，把你的信念稱為結論 (conclusion)。不管是前提還是結論都必須要是述句，也就是有真假可言的句子。前提加上結論的這串語句我們就稱為論證 (argument)，從前提推到結論的過程就叫做推論 (inference)。當然，一個論證可以有多於一個的前提，也就是多於一個的理由來支持結論。例如，也許你相信某家餐館衛生不好，不只是因為在湯裡發現一根頭髮，還包括你在廚房看到一隻「料理鼠王」。

　　很明顯地，一個論證好不好會影響到我們要不要接受結論。但要怎麼判斷一個論證好不好呢？這就是批判思考的工作了。批判思考，用嚴謹一點的方式來定義，就是用理性的

標準來針對信念進行系統性的評價。這個標準必須是理性的，否則會流於任意與獨斷；這樣的思考是系統性的，因為它有特定的方法與程序。這套系統可以讓我們評價信念，包括自己與他人的；當我們認定一個信念是值得接受的，我們便產生新的信念。

回到臉書貼文的例子。你認為某候選人的品行有問題，這是你的結論，而你拿來支持這個結論的理由是你在臉書看到相關貼文的轉載。這是一個好的論證嗎？似乎不是。就算臉書貼文這樣寫，也不代表該候選人的品德就真的有問題，因為臉書的貼文有可能是該候選人的敵手偽造的。在日常生活中，大大小小的事情都會涉及對論證的考量以及信念的接受。如果沒有對的方法來幫助我們做判斷，我們可能會做出許多後悔莫及的選擇。

批判思考不只能幫助我們檢視自己的信念，也能夠檢驗別人的，而檢視信念涉及到檢視論證。當別人提出論證時，我們便可以根據其論證來判斷結論是否可以被接受。這裡很重要的一點是，除非是在寫學術論文，否則一般人不會明確地列出前提與結論來讓我們檢視，一般人也不見得明白前提與結論的概念，但這都不代表我們無法從他所說的話中整理出論證。批判思考很重要的一個技術就是如何從他人的話語中提取出論證。例如像報紙的社論或是前述臉書上的貼文，不可能文章中每一句話都是前提或結論，一定會混雜了許多無關的語句。以臉書的政治貼文為例，貼文者想陳述的論證是，因為某政治人物做了不好的事，所以我們不該投票給他。

但在這樣的文章中，除了前提與結論之外，可能還會摻雜一些謾罵的話，或是歌頌自己政黨的話，這當然與貼文者的論證無關。當我們從別人的話語中整理出論證時，必須非常小心地去除不相干的訊息。甚至，貼文者也不見得會用述句把結論明顯地表達出來。例如，貼文者在陳述了該政治人物的不當言行後，可能會用問句說：「這樣的人你還要投給他嗎？」雖然此處是用問句表達，但根據上下文可以合理推知，貼文者真正想說的是，該候選人不是一個好的候選人，所以我們不應該投給他，這才是貼文者的結論，只不過此處用了反問 (rhetorical question) 的方式來表達。學習批判思考的目標之一，不但要從一團看似混亂的文句中整理出對方的論證，也不能被文字的表象所圍限，如此一來我們才能正確重建對方的論證並進一步評價。

說到這裡，我們就能即時糾正一個誤解。很多人聽到「批判思考」這個詞，總是會有負面的感受，因為「批判」兩字讓人以為是在「批評」。但這裡的「批判」指的是透過對某件事的客觀分析來下出判斷。因此批判思考是一種仔細與謹慎的思考，並非是為了刻意攻擊別人或挑別人語病。

有些人可能會覺得批判思考所要求的態度太嚴苛，畢竟有時候我們不會想太多，而是跟隨著群眾的腳步來決定要接受什麼或者不接受什麼。更多時候我們讓父母或師長來決定。但如此一來你等於喪失了獨立思考的能力。這並不是說群眾、父母或師長一定是錯的，或是他們的意見不值得參考。重點在於我們應該都不希望自己成為盲從的機器，如果只是盲目

接受別人的信念，我們就喪失了個人選擇的自由。有多少人希望由他人來決定自己的人生？

　　古希臘哲學家蘇格拉底曾說過一句名言：「未經反省的人生是不值得活的。」我們的信念在很大程度上定義了我們的人生，一個人過著什麼樣的生活取決於他相信什麼。如果你接受的一切都是未經思考而得來，這樣的人生跟只能聽從命令的機器人沒有兩樣。如果你無法接受這樣的人生，培養批判思考的精神就變得十分重要。經過反省的人生意味著獲得思考上的自由。

2 學會移開阻礙的大石頭，讓你具有批判思考的能力

　　很多時候人們無法進行批判思考，是因為存在一些心理障礙。這些心理障礙就如同陷阱一般，阻礙了我們的理性思考。如果能夠順利地避開或解除這些陷阱，就等於踏出批判思考成功的第一步。

　　我們可以把此處所談到的心理障礙分為兩類，一類源於個人，一類源於團體。讓我們先談談源於個人的心理障礙。這種心理障礙與利己思考 (self-interested thinking) 有關，也就是什麼事都只想到自己，這可分成兩種形式。首先，一個人接受某個主張的理由如果僅僅只是因為接受它可以為自己帶來好處，那這就是強大的利己思想在作祟。你可能會說，替自己想有什麼不好？畢竟「人不為己，天誅地滅」，如果不替自己著想，那還活得下去嗎？這當然沒錯，但別忘了此處強調的是把利己當成接受一個主張的唯一理由。替自己想沒有錯，有錯的是完全沒有其他理由來支持自己的主張。如果你的理由只是為自己好，那這個理由並不充分。

　　舉個例子，假設政府通過了一項法案，這項法案會影響到你的收入，例如營業額變低、退休金減少或者賦稅增加。在這樣的狀況下，如果你認為這項法案不應該通過的理由僅僅是因為它會讓你的收入變少，那麼你並沒有真正提供一個好的理由來支持你的主張。這並不是說這項法案一定是對的，

關鍵在於，法案該不該通過，應該考量更多其他相關的因素與證據。我們自己的利益受到衝擊時當然會想捍衛自己，但這股衝動並不足以說服人，還必須做出全盤的考量並提出其他理由。

從上述的討論也可以看出，一個人有沒有暴露出利己思考，有兩條線索可以依循。首先是情緒的表露。如果一個人不斷用激烈的口吻與態度反對某事，甚至謾罵，那很可能就是掉入了利己思考的陷阱，因為他拿不出恰當的理由來反駁。第二條線索是無視其他相關證據。如果有強烈的證據顯示政府某決策是合理的，那忽視這些證據就是不明智的，這麼做更有可能是純粹為了自己的利益而反對。

利己思考的第二種展現方式是顧全自己的面子。很多時候一個人堅持某個主張，純粹只是因為不想失了自己的面子。其實在他心裡面可能也知道自己的主張有漏洞，但又拉不下臉來承認自己的錯誤。這在政治領域或一般職場都很常見。掉進這種思考陷阱的人覺得面子比什麼都重要，可惜面子只是一種虛無縹緲的自我感覺。為了面子而捍衛一個連自己都不見得能接受的主張，這不是一個成熟的人該做的事。

利己思考其實就是一種自我中心主義 (egocentrism)，除了在道理上站不住腳，也可能會被有心人士利用。例如在政治上，如果你出於利己而反對某法案，其他反對該法案的有心人士就有機會利用你而不被你察覺。

那麼我們應該如何克服利己的心理障礙呢？這裡提供三種方法。首先，當你與你想要捍衛的主張有很大的利害關係

時，要特別小心謹慎。這種時候你可能會急於想要辯護自己
而疏於提供實質的理據，結果被激情給操控。英國哲學家羅
素 (Bertrand Russell) 就認為，一個人對於某主張抱持的激情
愈大，他對於該主張可提出的理性論據可能就會愈少。我們
可以用這個原則來檢視自己。下次你在辯護自己的論點時，
如果感到體內有強大的情緒湧現，愈說愈激動，可能就需要
暫時停下來冷靜一下，想看看自己是不是還保持理性，而不
是流於情緒性的叫囂。

　　第二種避免利己思考的方法是謹守批判思考的程序，關
於這方面的細節在之後的章節中會陸續介紹。當你對這套思
考方法熟悉了之後，自然不會被自我中心主義所影響。因此
經常貫徹與練習批判思考有助於避開自我中心主義。

　　第三種方法是必須考量反面證據 (opposing evidence)，也
就是駁斥你想捍衛的主張的證據。前面說過，利己主義的思
考會忽略其他相關證據，主要就是反面證據。例如，假設有
人對執政黨不滿，認為執政黨讓臺灣經濟變差，但事實上根
據相關資料顯示臺灣的經濟並沒有變差，這些證據可能就會
被反對者給刻意忽略，而這當然是不合理的。真正具備理性
的人必須要考量反面證據，刻意忽略只會讓自己的立場更站
不住腳。

　　忽視反面證據的現象常被視為是一種認知偏見
(cognitive bias)，這裡關涉到的認知偏見稱為確證偏見
(confirmation bias)。這是人們在論述上常犯的錯誤之一。人
常會去尋找支持自己說法的證據，卻忽略否定自己說法的證

據。這並不是說如果存在反面證據我們就要徹底放棄原本的主張，而是說我們必須去考慮反面證據。如果反面證據強而有力，我們當然可能被迫放棄原本的主張；但如果再仔細檢視之後發現反面證據有問題，我們當然就有機會繼續堅守原本的立場。因此重點還是在於我們不應該對相關證據有選擇性的關注 (selective attention)，而應該對所有證據一視同仁——不論是支持或駁斥自己論點的證據。

關於確證偏見相當有名的一個例子是認知科學家卓爾 (Itiel Dror) 與他的研究團隊所做過一個非常有名的實驗：讓五名指紋專家檢驗從某犯罪現場採集到的指紋是否與某名嫌犯的指紋吻合。專家們被告知，這名嫌犯涉及馬德里的恐怖炸彈攻擊，但當初 FBI 所做的指紋鑑定結果是不符合，現在希望專家們再檢驗一次。事實上，卓爾博士給專家們的指紋檔案是這些人五年前在別的案子做過的鑑定，當時的結果是五人都說吻合。在目前這個測試下，五名專家最後只有一人說吻合。也就是說，被告知指紋應該不吻合後，大部分專家都因為這個假設而形成了偏見，以至於在比對過程中很大程度上忽視了駁斥這個假設的細節性證據。連專家都可能犯了確證偏見，遑論一般人。

以上這些討論都是關於源自個人的心理障礙，接下來我們談談源自團體的心理障礙。人是群居的動物，生活在人類社會中，我們往往同時隸屬於不同的團體。你可能是某個政黨的成員，也同時是某個社團的成員以及某個協會的成員，更別提你的工作單位也是一個團體。生活在團體中，我們的

想法常常會有意無意被群體的意志影響。我們可能甚至因為團體的壓力而採取某種立場或接受某種看法。當這種狀況發生時，我們可以說是喪失了獨立思考的能力，因為我們的選擇並不是透過反思而做出，最終結果就是盲從。

同儕壓力 (peer pressure) 是一種很常見的情況。當同儕都做某件事或接受某種看法時，你可能會就此順應。這時來自團體的壓力取代了你做某事或接受某看法的理由。如果你的同儕都慫恿你賭博，原本不賭的你可能就會開始賭博。但在這個案例中，你只是屈從於壓力，並未有好的理由來說服自己改變嗜好。

團體壓力有時候會以規模更大也更隱晦的方式展現。例如，也許你不知道下次的總統候選人要投給誰，但你知道誰的民調最高、誰最受歡迎。既然社會上大部分人都認同某位候選人，你就覺得自己應該投給他。僅僅因為社會大眾相信某件事就跟著相信，這在邏輯上稱為訴諸群眾 (appeal to popularity) 的謬誤。犯了謬誤當然不是什麼好事，可惜每逢選舉就有很多人會犯這種從眾謬誤。

上述這些來自團體的壓力有時候會產生洗腦的效果。例如，也許你贊成政府某個決策，但你所屬的團體對這件事持反對態度。為了繼續在這個團體中生存，你假裝順應大家的看法。久而久之，你弄假成真、自我催眠，竟然也打從心底反對該決策了。但在這樣的狀況下，你立場的改變並不是奠基在獨立思考的結果上，反而是被其他人牽著鼻子走。

最後，群體的影響力也會以優越感的形式展現。例如，

有一些種族認為自己比別的種族優秀，就會因此出現種族歧視 (racism)。當個體生活在帶有民族優越感的團體之中，往往會不斷被灌輸這種優越感，這種灌輸可說是更直接的洗腦，久而久之也就會讓人認為自己的種族真的比別的種族優越。這種來自群體的優越感不只出現在種族，在宗教團體、社會階級或文化社群都可能出現。當一個人因為身處在這樣的團體而相信自己比別人更好，他其實並沒有實質的理據來支持他的信念。

　　總結來說，不管是源於個人或團體的心理障礙都是批判思考的敵人。批判思考就是獨立思考，獨立於強大的自我中心主義或群體壓力。只要我們能擺脫這兩類心理障礙，我們就邁出了獨立思考的第一步。

3 **蘇格拉底頭上有長角？學習如何做出不被打臉的「健全論證」**

　　批判思考乃至於哲學的基本思考工具就是邏輯 (logic)，其核心概念在於前面提過的「論證」。本章進一步介紹論證的種類還有如何評價論證。掌握論證，你就能成為批判思考的達人。

　　第一章提過，論證是一串語句，由前提與結論構成，前提是支持結論的理由。論證分為兩大類：演繹論證 (deductive argument) 與歸納論證 (inductive argument)。當一個論證的前提試圖為結論提供絕對的支持，這個論證就是演繹論證；當一個論證的前提試圖為結論提供可能的支持，這個論證就是歸納論證。我們來看一個非常經典的例子。考慮底下的論證（方便起見，底下會為每個被討論的論證命名）：

（必死論證）

前提一：人必有一死

前提二：蘇格拉底是人

結　論：蘇格拉底會死

　　這個論證會讓讀哲學的人發出會心的一笑，因為在哲學系初階邏輯的課堂上最常引用這個論證當例子，很多人就笑說，知名古希臘哲學家蘇格拉底因為這樣已經在世界各地死過無數次了。我們來仔細檢視一下這個論證，它是演繹論證

還是歸納論證呢？從這個論證的語氣看來，提出論證的人應該是想要說，如果我們接受了前面兩個前提，我們就必定要接受結論。也就是說，提出論證的人並不是想要證明「蘇格拉底會死」這件事是可能成立的，而是一定會成立。此處前提給予結論的支持是被確定、絕對的語氣呈現出來的。為了與歸納論證做對照，我們來看看另一個例子。考慮底下的論證：

（小狗論證）

前　提：大部分的狗都很可愛

結　論：瑪莉的狗應該也很可愛

從語氣上看來，小狗論證的前提給予結論的支持是可能的支持，而不是絕對的支持。也就是說，提出論證的人是想要說，基於大部分的狗都很可愛，那麼十之八九，瑪莉的狗也很可愛。所以這是一個歸納論證。

我們來看看另一個教科書常會用的經典例子。考慮底下的論證：

（長角論證）

前提一：如果蘇格拉底頭上長角，則他終有一天會死

前提二：蘇格拉底終有一天會死

結　論：蘇格拉底頭上有長角

這是演繹論證還是歸納論證呢？把握大原則：只要我們

察覺到提出論證的人似乎是意圖讓前提給予結論絕對的支持，那就是演繹論證，否則的話就是歸納論證。從蘇格拉底長角這個論證看來，提出論證的人應該是想說如果前提都成立的話，「蘇格拉底頭上有長角」這件事一定會成立，也就是說這個述句必然為真。如此一來，長角論證應該要理解為演繹論證。這裡的重點在於，在解讀一個論證是演繹論證還是歸納論證的時候，必須對相關文字謹慎判斷。有時候提出論證的人在文字表述上可能會很不清晰，無法一眼看出，這種時候判讀論證必須更加小心。目前舉例的論證在表述上都算非常清晰。

我們來仔細檢視一下必死論證還有長角論證。這兩個論證都是演繹論證，但卻有一個很大的不同點，就是前提是否能成功地支持結論。讓我們想看看，在蘇格拉底會死的論證當中，有沒有可能前提都成立，但結論卻不成立呢？換個說法，有沒有可能前提都為真，但結論卻為假？這是不可能的。如果我們接受人必有一死而且蘇格拉底是人，無論如何我們都必須接受蘇格拉底會死；在這個情況中，不可能前提都為真但結論卻為假。換句話說，前提真保證了結論真，這樣的論證在邏輯中稱為有效論證 (valid argument)。

蘇格拉底長角的論證是不是有效論證呢？顯然不是。即使前面兩個前提都成立，結論也不一定會成立。即使我們同意，若蘇格拉底頭上有角則他難逃一死，而且我們也同意蘇格拉底終究會死，從這兩件事也推不出蘇格拉底頭上一定有長角。換句話說，這個論證的前提真無法保證結論真，也就是說它有可能前提真但結論假。這樣的論證就稱為無效論證

(invalid argument)。

如果你不太確定為什麼長角論證是無效論證，考慮底下這個論證：

（運動論證）
前提一：如果你多運動，你的血液循環就會變好
前提二：你的血液循環變好了
結　論：你有多運動

注意這個論證在結構上與長角論證完全相同。在邏輯中，我們習慣用英文字母來代表述句。如此簡化之後，你應該會發現運動論證與長角論證的結構一樣都是「若 p 則 q，q，所以 p」。差別只在於 p 與 q 在這兩個論證當中所代表的述句不同。這個論證當然是演繹論證，但它是有效論證嗎？即使我們同意多運動血液循環會變好，而且你的血液循環的確變好了，這就代表你有多運動嗎？當然不是。讓血液循環變好的原因很多，有可能是你最近減少久坐的時間或是晚上常泡澡，不一定是多運動。既然這個論證有可能出現前提真結論假的狀況，它就是無效論證了。這也告訴我們，所有具備相同結構的論證都會是無效論證，不管 p 跟 q 填入什麼內容。

一個好的論證不能只是有效論證，還必須滿足一個重要的條件，就是所有前提實際上都必須是真的。別忘了當我們在考慮有效性 (validity) 的時候，我們是先假定前提都為真，再來判斷前提都為真的情況下，結論有沒有可能為假。因此在這個步驟我們並不關心前提在實際上是否為真。

回到蘇格拉底會死的論證。前面說過這個論證是有效論證，但它所有的前提都是真的嗎？顯然是。第一個前提說人必有一死，這的確沒錯，世界上沒有長生不老的人；第二個前提說蘇格拉底是人，這事實上也沒錯。我們把所有前提都為真的有效論證稱之為健全論證 (sound argument)。有假前提或無效的論證則是不健全的 (unsound)。根據這個定義，長角論證跟運動論證當然都不是健全論證了。

再看一個例子。考慮底下的論證：

（東方快車論證）

前提一：《東方快車謀殺案》的作者是精靈

前提二：精靈是想像中的生物

結　論：《東方快車謀殺案》的作者是想像中的生物

這個論證是演繹論證，因為看得出來這個論證的語氣不是要說「如果前提成立的話，結論可能也會成立」，而是一定會成立。那麼下一個問題便是：如果前提都成立的話，結論一定也會成立嗎？有沒有可能前提真但結論卻是假呢？看起來是不可能的。如果《東方快車謀殺案》的作者是精靈而且精靈是想像中的生物，那麼毫無疑問可以得出，該書作者就是想像中的生物。也就是說，在這個情況中，從給定的前提我們必定可以推出該結論。東方快車論證因此是有效論證。下一步就是要看這個論證的前提是不是全部為真。顯然，第二個前提是沒有問題的，因為精靈確實是想像中的生物；第一個前提則明顯為假，《東方快車謀殺案》的作者是英國小說

家阿嘉莎‧克莉絲蒂，而克莉絲蒂是人類不是精靈。因此這個論證雖然是有效論證，但它仍然不健全，因為有假的前提。

讓我們做個總結。評價一個演繹論證，我們首先要看論證的有效性。如果一個論證不可能前提真結論假，那它就是有效的，否則就是無效的；換個說法，如果一個論證的前提真保證結論真，那它就是有效的，否則就是無效的。倘若我們檢驗後發現該論證是無效論證，那麼這個論證已經沒有機會成為健全論證了，也就不可能說服我們接受其結論。再次提醒，在這個步驟，我們暫時忽略前提是否在實際上為真，因為這裡我們想要知道的是，在假設前提為真的情況下，結論是否能被推導出來。如果我們判斷論證是有效的，才進一步核實前提的內容，也就是檢視論證的前提在實際上是否為真。只要有至少一個前提是假的，這個論證就是不健全的論證。以演繹論證而言，我們要追求的是健全論證，也就是既有效並且所有前提皆為真的論證。健全論證才是好論證 (good argument)，不健全的論證則是壞論證 (bad argument)。

一般人在陳述論證時多半不會把前提與結論井然有序地羅列出來，就像本章中呈現的那樣。甚至很多人也沒有論證的概念，但這不代表他們沒有做出論證。一篇支持留存死刑的社論，很明顯地具備一個論證該有的結論，也通常會提供理由，來說服我們支持死刑。只要我們能從文章中梳理出作者提供的理由，我們就能建構出對方的論證。一旦把對方的論證攤開來看，其論述結構就一目了然，我們就能進一步判斷該論證是不是好論證。如果不是好論證，我們便沒有理由接受其結論，或是相信對方的論點可以成立。

4 「白白胖胖」說合乎邏輯嗎？一起驗證歷史悠久的「三段論」

本章要繼續來介紹演繹推理。三段論 (syllogism) 在邏輯中是歷史非常悠久的一種推論形式，可追溯回古希臘哲學家亞里斯多德的著作。三段論其實有不同的種類，本章簡單介紹幾種重要的三段論。讓我們先從範疇三段論 （categorical syllogism，又譯定言三段論）開始。

假設你跟朋友在談論政治，你們討論到自我中心主義、獨裁以及戰爭的關聯。朋友說：「所有獨裁者都是好戰分子。」你聽一聽覺得好像有道理，但想知道對方的理由，於是問他為什麼。朋友回答：「因為所有自我中心主義者都是好戰分子，而所有獨裁者都是自我中心主義者。」朋友在此提出了一個論證。論證包含前提與結論，前提是支持結論的理由。此處的論證是演繹論證，因為這個論證看起來是要讓前提提供結論絕對的支持，也就是說，毫無例外地，前提可以導出結論。評價演繹論證，首先要看論證的有效性，如果一個論證有可能前提真結論假，那麼它就是無效論證。朋友此處提出的論證是有效論證嗎？如果所有自我中心主義者都是好戰分子，並且所有獨裁者都是自我中心主義者，那麼我們似乎就必須接受所有獨裁者都是好戰分子。這個論證不可能前提真結論假，它的確是有效的。

假設你跟朋友進一步談到了更具體的政治時事，朋友批

評 D 黨黨員都是吃香喝辣的人，你問他為什麼，他說：「因為 D 黨黨員都是白白胖胖的人，而吃香喝辣的人都是白白胖胖的人。」這個論證是有效論證嗎？這個問題先擱下，這裡的重點在於朋友提出的兩個論證，在邏輯上稱為範疇三段論。

所謂三段論，簡單說就是由三個述句組成的演繹論證，包括兩個前提與一個結論。範疇 (category) 指的是類別或種類 (class)，也可以看成是集合 (set)。例如獨裁者、自我中心主義者以及好戰分子各自代表了三種範疇或類別。如果一個述句說了關於範疇的事，例如某範疇的事物也屬於另一個範疇，這種涉及到範疇的述句就稱為範疇述句 (categorical statement)，範疇三段論正是由範疇述句組成。

範疇述句有四種標準形式。第一種叫做「全稱肯定」(universal affirmative)。像剛剛獨裁者論證中的每個句子都是全稱肯定的述句，也就是聲稱在某個範疇的成員都是另一個範疇的成員，例如「所有獨裁者都是好戰分子」。第二種叫做「全稱否定」(universal negative)，例如「沒有名偵探是笨蛋」。其實這句話換個說法就是「所有名偵探都不是笨蛋」，也就是在說某個範疇的成員都不是另一個範疇的成員。第三種叫做「特稱肯定」(particular affirmative)，也就是在聲稱某個範疇的部分成員同時也是另一個範疇的成員。例如「有些名偵探是硬漢」。要特別注意的是，在邏輯中，「有些」(some) 這個詞指的是「至少有一個」(at least one)。因此「有些名偵探是硬漢」意思也就是「至少有一個名偵探是硬漢」。第四種範疇述句稱為「特稱否定」(particular negative)，也就

是在說某個範疇的部分成員不是另一個範疇的成員，例如「有些名偵探不是硬漢」。

　　回到剛剛關於獨裁者的論證。我們把它按照前提結論的順序整理如下：

（獨裁者論證）

前提一：所有自我中心主義者都是好戰分子

前提二：所有獨裁者都是自我中心主義者

結　論：所有獨裁者都是好戰分子

　　這是一個典型的範疇三段論，裡頭的細節值得我們注意。邏輯學家把結論的主詞 (subject term) 稱為小詞 (minor term)，結論的述詞 (predicate term) 稱為大詞 (major term)，有大詞出現的前提稱為大前提 (major premise)，有小詞出現的前提稱為小前提 (minor premise)。以獨裁者論證為例，結論是「所有獨裁者都是好戰分子」，這句話的主詞是獨裁者，述詞是好戰分子，因此前者是小詞，後者是大詞。第一個前提「所有自我中心主義者都是好戰分子」有大詞出現，所以是大前提，第二個前提「所有獨裁者都是自我中心主義者」有小詞出現，所以是小前提。至於「自我中心主義者」在兩個前提都有出現，則稱為中詞 (middle term)。

　　要判斷一個範疇三段論是否有效，一個很方便的做法便是利用范恩圖解（Venn diagrams，又譯文氏圖），這是由十九世紀的英國數學家范恩 (John Venn) 所發明的一種圖解。范

恩圖可以協助我們將三段論視覺化，有利於清楚快速地評判論證的有效性。在范恩圖中，每一個圓代表論證中提到的一種範疇，因此以三段論而言，我們必須畫出三個圓，這三個圓要彼此交疊，以便呈現出三個範疇間各種可能的關係。接著，我們在圖解中畫出大前提與小前提陳述的內容，最後再看看能否從圖中看出結論。如果不行的話，代表從給定的前提並無法推出結論，因此該論證為無效；如果可以從圖中讀出結論，那代表從給定的前提可以推出結論，因此為有效論證。

不過，即使沒有范恩圖的協助，仍然有一些規則可以幫助我們判斷範疇三段論的有效性。例如，一個有效的範疇三段論不能有兩個否定的前提。若出現兩個否定的前提就會成為無效論證。例如底下這個三段論：

（誠實論證）

大前提：沒有政治人物是誠實的人

小前提：有些誠實的人不是好人

結　論：有些好人不是政治人物

從這個論證的大前提我們僅能知道政治人物與誠實的人沒有交集；從小前提僅能知道至少一個誠實的人不是好人，但我們無法據此推出有些好人不是政治人物。如果把小前提改成「有些誠實的人是好人」，也就是改成特稱肯定述句，這樣結論便可以成立。

另外一條有趣的規則是，一個有效的範疇三段論若有否定的前提，則也具有否定的結論。例如底下這個三段論：

（鬼故事論證）

大前提：沒有推理小說是鬼故事

小前提：有些公案小說是推理小說

結　論：有些公案小說是鬼故事

大前提告訴我們推理小說與鬼故事沒有任何交集，小前提告訴我們至少有一本公案小說是推理小說，但僅僅根據這兩個前提我們推不出至少有一本公案小說是鬼故事。根據規則，鬼故事論證具備否定的大前提，那麼結論也應該要是否定句，但它違反了這條規則，因此是無效論證。以這個論證來說，真正可以推出的結論應該是「有些公案小說不是鬼故事」而不是「有些公案小說是鬼故事」，這樣的話，前者是一個否定的結論，符合規則。

我們回過頭來看看稍早批評 D 黨的論證：

（D 黨論證）

大前提：D 黨黨員都是白白胖胖的人

小前提：吃香喝辣的人都是白白胖胖的人

結　論：D 黨黨員都是吃香喝辣的人

這個論證的結論可以從前提推出嗎？顯然不行。該論證

並沒有排除一種可能性，就是 D 黨黨員沒有吃香喝辣但卻是白白胖胖的人。既然前提真無法保證結論真，這個論證就是無效論證。然而，如果我們把小前提改成「白白胖胖的人都是吃香喝辣的人」，這個論證就會變成有效論證。如果 D 黨黨員都是白白胖胖的人，白白胖胖的人又是吃香喝辣的人，那 D 黨黨員當然就都是吃香喝辣的人。

最後簡單介紹另外兩種三段論。這兩種三段論都是常見的有效推論形式，因其特殊的結構而得到命名。第一種叫做選言三段論 (disjunctive syllogism)。想像底下的情境，一名偵探正在調查一件密室殺人案，案發現場只有兩個出入口：門與窗戶。偵探在查看現場後提出底下這個三段論：

（密室論證）

前提一：要嘛兇手是從門離開的，要嘛兇手是從窗戶離開的

前提二：兇手不是從門離開的

結　論：兇手是從窗戶離開的

前提一告訴我們只有兩個選項，前提二排除其中一個選項，因此結論只能是另一個選項。以密室論證而言，如果我們接受前提，結論就無可避免，因此這是一個有效論證。在邏輯中，所謂的選言指的是「p 或 q」這樣的結構。由於上述三段論的第一個前提就是選言語句，因此稱為選言三段論。

另一種三段論叫做假言三段論 (hypothetical syllogism)。在這種三段論中，所有語句都是條件句，也就是「若 p 則 q」

這樣的句子。想像另一個犯罪情境，一名偵探在調查一件兇殺案，一名男子被殺死在書房內。偵探在評估案情後提出了下面這個三段論：

（不在場論證）

前提一：如果兇手殺人時不在房內，則他一定是用了遠距離的殺人手法

前提二：如果兇手用了遠距離的殺人手法，則他必定是為了製造不在場證明

結　論：如果兇手殺人時不在房內，則他必定是為了製造不在場證明

　　應該可以很清楚地看出這個論證的確是有效論證，亦即前提真能夠保證結論真。不過兇手的心思是否真如前提所言，當然還有討論空間。既然這個論證是有效論證，如果想推翻這個論證，就只能從推翻前提著手。但因為不在場論證是一個虛構案例，我們自然無法檢驗前提真假。

　　三段論的應用相當普遍，尤其是範疇三段論處理了日常生活常會觸及的範疇概念。希望透過本章簡單的介紹，可以讓讀者對於三段論推理有基本的認識。

5 民調都是假的啦！談歸納論證幾個需注意的要點

　　介紹過演繹推理後，本章要來談談歸納推理。先前提過，判斷一個論證是不是演繹論證的關鍵在於，該論證的前提給予結論的支持是何種支持。如果我們察覺提出論證的人是意圖讓論證的前提給予結論必然的支持，那麼該論證就是演繹論證；如果提出論證的人是想要讓前提給予結論或然的支持，那麼該論證就是歸納論證。也就是說，如果我們察覺提出論證的人是想要說，如果前提都為真，結論很有可能也會為真，這時我們評估的論證就是歸納論證。例如底下這個論證：

（餐廳論證）

前　提：老饕小明在 P 市吃過的餐廳中有 10% 的環境衛生很差

結　論：P 市的餐廳有 10% 的環境衛生很差

　　餐廳論證的確是歸納論證，因為很明顯此處前提給予結論的支持所涉及的是可能性而非必然性。提出論證者是在表達，如果前提成立的話，結論可能也會成立，而非必然會成立。在這個例子中，假設我們接受了前提為真，那麼結論為真的機率高嗎？如果老饕小明在 P 市光顧過的餐廳有 10% 用餐環境的衛生都有問題，那是否代表 P 市很有可能有 10% 的餐廳用餐環境不佳？這裡我們似乎必須知道更多細節才能判

斷，包括老饕小明到底吃過多少間 P 市的餐廳。假設他吃遍小鎮中八成左右的餐廳，那麼我們應該都能同意結論成立的可能性極高。

當一個歸納論證的前提給予結論很強的支持時，我們把這個論證稱為強 (strong) 歸納。這個「強」的意思是，前提真這件事在很高程度上擔保了結論也會為真。反之，若前提為真，結論卻不太可能為真，那麼這個論證就是弱 (weak) 歸納。例如，如果老饕小明只吃過 P 市中不到一成的餐廳，餐廳論證就會變成弱歸納，畢竟這樣的推論有些勉強。

當一個強歸納的所有前提都是真的，這個論證就是可信的 (cogent)。以餐廳論證而言，若老饕小明在 P 市吃過的餐廳實際上真的有 10% 的環境衛生很差，這個前提就是真的。由於餐廳論證具備真的前提，這個強歸納就成為可信論證，可信論證就是好論證，也是我們理想中應該追求的歸納論證。具體來說，一個可信論證必須同時滿足兩個條件，首先必須要是強歸納，再來就是所有前提在實際上都要是真的。只要缺了一個條件就是不可信的論證，也就成為壞論證。這裡的評價方式跟討論演繹論證時用到的方式是相似的，只是術語不同。

上述關於餐廳論證的論證結構在歸納推理中稱為枚舉歸納 (enumerative induction)。所謂枚舉就是列舉的意思。餐廳論證的前提可以看成是列舉了小明在 P 市光顧過的餐廳環境衛生狀況，然後透過所列舉的證據去推測整個 P 市的餐廳衛生狀況。我們可以說，一個典型的枚舉歸納是從一個群體

的部分成員推論到整個群體。我們把那整個群體稱為目標群體 (target group)，觀察到的成員稱為樣本 (sample)，要從樣本推到目標群體的性質稱為相關性質 (relevant property)。以餐廳論證為例，目標群體代表的就是所有 P 市的餐廳，觀察到的成員則是小明光顧過的餐廳，相關性質則是餐廳的衛生狀況。

枚舉歸納可能成為弱歸納的原因有兩個。首先是樣本太小。前面提過，如果餐廳論證的樣本只有 P 市不到一成的餐廳，那就算前提是真的，結論很有可能也不會是真的。樣本太小很容易會掉入所謂「輕率概化」(hasty generalization) 的謬誤：從過少的樣本做出普遍化的判斷，這樣的推論過於輕率。我們可以考慮另一個例子。假設臺灣的總統大選到了，你的朋友跟你說：「候選人某甲這次民調很高，可能會當選！」結果後來你發現這個民調只調查了十戶人家，這時候你還會相信朋友的話嗎？

當然，總統大選的民調只訪問十戶人家是誇張了點，但這也告訴我們在看民調時要稍微注意一下樣本大小。媒體上所見的民調一般都會附上樣本數的資料，建議大家多看一眼。

輕率概化的概念很容易理解，但我們卻很常犯。很多時候，會犯下這種錯誤是因為樣本給我們的印象太深了。一位紐西蘭的朋友曾經跟我分享過一個實例。他的朋友是民宿老闆，有一次來了一位俄國遊客入住。幾天之後這位俄國人退房，民宿老闆進去清理房間，發現房間髒亂得不得了。事後他向我的朋友抱怨說俄國人的衛生習慣實在太差了。我們仔

細檢視這個例子可以發現，民宿老闆的樣本數事實上只有一個，在樣本這麼小的狀況下要做出「俄國人的衛生習慣都很差」這樣的結論，正是典型的輕率概化。但為什麼民宿老闆很自然而然會做出這麼禁不起檢驗的論證？因為這個例子給他的印象太深刻。想像一下，如果你今天跟朋友到某個你們沒去過的小鎮遊玩，隨便找了一間小吃攤，結果驚為天人，你可能會跟朋友說：「沒想到這個地方的吃食還不錯！下次要再來玩！」可是事實上你只吃了一間。以上這些例子說明了，當樣本給我們的印象太深刻時，我們很容易會忘記樣本數太小這件事。

枚舉歸納淪為弱論證的第二個原因是樣本不夠有代表性。事實上，前述的餐廳論證就有這個危險。假設小明在 P 市所光顧的餐廳都集中在某一區，而這一區剛好是 P 市衛生環境不佳的地區，這樣的樣本就不夠有代表性，因為這一區的衛生環境與 P 市其他區不同。樣本要夠有代表性，必須均勻分布在 P 市各行政區。

我們可以再次用選舉的例子來說明。假設朋友對你說：「候選人某甲民調很高，可見臺灣大部分選民支持他。」你查證之後發現，這民調的樣本數的確夠大。然而，光是這樣就能說明友人的論證是個強歸納嗎？還得考慮樣本的代表性。如果你事後發現這民調只訪問某甲所屬政黨的鐵票倉，你恐怕就不會相信友人的結論了。友人的論證同樣犯了樣本不夠有代表性的毛病。民調樣本必須均勻分布在各選區，否則民調結果就會被選區間的差異所影響。

　　樣本不夠有代表性也容易產生所謂的 「倖存者偏差」(survivorship bias)。例如，有人可能會主張國外的推理小說比臺灣的推理小說要好。然而，做出這種主張的人所根據的往往是有在臺灣翻譯出版的國外推理小說；也就是說，他的樣本是來自臺灣看得到的國外小說。問題是，這樣的樣本並不夠有代表性，因為會被引進臺灣翻譯出版的國外小說基本上大多是「倖存者」，也就是從國外競爭激烈的商業市場中倖存下來的，這些作品本身就具備一定的品質。拿這些算是菁英的作品來跟所有臺灣本土的作品比較當然不公平，因為那些在外國市場沒有倖存下來的作品我們全都沒見到。

　　又如，我們可能常會看見許多直銷公司拿成功人士的案例來宣傳，告訴我們這些人因為做直銷而致富。就算這些案例都是真的，說服力也不夠，因為這些人都是倖存者。有更多失敗者的案例都沒有被拿出來檢視。

　　當然，一個枚舉歸納論證成為弱論證可以是因為同時具備了上述提到的兩個缺陷，也就是樣本不夠大同時也不夠有代表性。例如，如果總統大選的民調結果偏向候選人某甲，但事實證明這民調只訪問了少數人，也只在某個特定的選區進行，那想要從民調結果推出某甲可能會當選，或是大部分的人都會投給他，這樣的結論幾乎沒有可信度。

　　最後特別要強調的是，歸納論證一個很重要的特性，就是容許反例 (counterexample)。由於歸納論證涉及的是可能性而非必然性，所以即使在餐廳論證中，P 市餐廳衛生不佳的比率不是 10%，這也不會推翻原本的論證。畢竟歸納論證本

來就沒有把話說死。但演繹論證就不同了，只要有一個反例，整個論證就變成無效論證。事實上，歸納論證與演繹論證一個很大的不同點就在於，前者總是在做超出證據之外的推論。以枚舉歸納而言，前提僅涉及觀察到的成員，但結論卻涉及整體成員，如此一來當然可能出現反例。老饕小明觀察到的餐廳狀況無法確實無誤地告訴我們 P 市所有餐廳的狀況，後者已經超出前者所提供的證據範圍了。換句話說，一個歸納論證等於是試圖在告訴我們新的資訊。但演繹推論不同，對有效論證來說，結論本來就隱隱包含在前提中，因此結論其實沒有告訴我們任何新東西，只是把原本不明顯的事物說出來罷了。如果我們知道「人必有一死」且「蘇格拉底是人」，那麼「蘇格拉底會死」這件事已經隱含在前提之中，而非超出前提的範圍。

得民調者得天下？「民調」背後的邏輯問題

　　歸納推理與我們的生活息息相關，例如民調 (opinion poll)。每次選舉結束後都是幾家歡樂幾家愁，也會常有媒體指出該次選舉的結果反映出大選前封關的民調大致上準確，而在選舉前各家媒體所做出的民調也成為選民關心的焦點，幾乎每隔一段時間網友就為了民調吵翻天。其實民調的基礎就是歸納推理，本章將介紹民調背後的邏輯結構，也要告訴讀者如何真正讀懂民調。

　　上一章我們介紹過歸納推理中的枚舉歸納法。所謂的枚舉歸納，指的是推論者從一個群體的部分成員觀察到某個特質，進而推論出該群體可能也有同樣比率的成員具備那個特質。例如，假設我遇過的基督徒有九成都是心地善良的人，我可以據此歸納出，在所有的基督徒中可能有九成的人都是善良的人。所有的基督徒稱為目標群體，我所遇過的基督徒則稱為樣本。所謂的民調便是一種枚舉歸納，從樣本推論到目標群體。例如，若有臺灣的民調從 1000 人的訪問結果統計出有六成的人支持候選人 Y，我們便可以推出全臺灣的選民應該有六成的人支持 Y。

　　歸納論證要成為可信論證需要滿足兩個條件：是強歸納並且有真前提。這兩個條件反映在民調上，便是以下兩點：從樣本得出的結果必須要能恰當支持結論，並且樣本反映出

來的狀況要能呈現真實的狀況。底下一一說明。

首先，樣本要夠大，如果不夠大的話，前提便無法恰當地支持結論。如果臺灣總統大選的民調樣本只有十人，而這十人中有六人說他支持候選人 Y，那麼我們能說臺灣的選民有六成的人支持 Y 嗎？這樣的民調只會是笑話。不過，像總統大選這樣的民調，樣本不需要到非常巨大就能有一定的準確度，事實上，即使是在美國的民調，就算目標群體為全體美國成年人，樣本也只需要 1000 到 1500 人就能推出大致準確的結果。在臺灣也一樣。例如，2019 年自由時報在 12 月 9 號做的總統大選民調，樣本只有 1078 人，結果顯示有 53.12% 的人支持蔡英文，而最後蔡英文勝選的得票率是 57.1%，相差不算太大。當然，當時的民調受到另一候選人韓國瑜的蓋牌效應影響，韓要他的支持者在接到民調電話時喊出「民調唯一支持蔡英文」，因此民調未必能如實地反映出真實狀況，雖然《自由時報》的民調也有提到，回答「唯一支持蔡」僅佔 1.12%。這就可以連結到民調要滿足的第二個條件，就是必須要得出準確的資料。

有時候，民調的問法會產生誤導，因而無法反映出真實。例如，在關於墮胎的問卷，如果問題這樣問：「你認為女性應該擁有殺害未出生的小孩的權利嗎？」大概不會有太多人的回覆是正面的，因為「殺害小孩」這樣的措辭已經帶有強烈的負面意味。這樣的問法可能是無意的，但有時候可能是有意的，反映出做民調者意圖將受訪者的看法導向特定結果。這樣的民調當然不會有太高的可信度。

　　另外一個很重要的影響因素是問題的順序。假設有一份民調問卷在調查市長施政滿意度，第一個問題先是問了高雄的愛河有沒有蓋摩天輪，第二個問題才問對於（當時的）韓國瑜市長的施政滿不滿意，這樣的問題安排順序其實頗有陷阱。第一個問題拋出帶來負面觀感的事實，受訪者很容易在第二個問題回答不滿意。姑且不論韓市長有無實際的施政成績，這種左右受訪者意見的問卷無法如實反映民意。這就好像先問你知不知道臺灣最近發生什麼重大犯罪事件，然後才問你覺得臺灣治安好不好。這樣的民調只會成為媒體帶風向的工具。

　　最後，問卷可能會有簡化選項的風險，因而無法反映出真實的民意。如果詢問韓國瑜市長施政滿意度的調查只有「好」與「不好」的選項，會忽略了一些市民可能會抱有的其他態度，例如覺得施政普通、沒感覺或是不太清楚。在只有兩個選項的狀況下，這些人可能會勉強選擇其中一個，這與提供兩個以上的選項所調查出來的結果，恐怕就會有顯著的差異。

　　設計民調的問題時要盡量避免上述三種陷阱，而我們在回答問題時也應該要認知到這樣的陷阱，進而對民調的結果抱持保留態度。

　　早先有提到，即使民調的目標群體數量龐大，樣本卻可以相對地小，為什麼能夠如此呢？主要歸因於「隨機抽樣」(random sampling) 的方式。我們已經知道，枚舉歸納成為弱論證的兩個原因，一個是樣本太小，一個是樣本沒有代表性，

隨機抽樣就是要避免後者發生。使用隨機抽樣才能確保目標群體中的每一個成員都有可能被選為樣本，才不會造成偏差樣本 (biased sample) 的狀況。不過，要進行完全的隨機抽樣也不是那麼容易，當我們要從一長串的名單或號碼中隨機挑選時，往往還是會被一些主觀因素影響。例如，我們可能潛意識偏好某些名字或數字。要避免這種情況，一種做法是把目標群體的成員做編號，再用隨機的號碼生產程式來決定。

要注意的是，有一種很常見的民調方式其實無法真正確保隨機抽樣。例如，雜誌上可能會有讀者回函，請讀者回信來讓讀者投票；或是網站上會有問卷，請網友填寫來讓網友投票；或是廣播節目要聽眾 call in 來投票。不論是哪一種，都是屬於所謂的「自我選樣」(self-selecting sample)。在這些情況中，這些回應投票的人可能剛好只是那些比較勇於表達自己意見的人，或是特別喜歡填寫問卷或回答問題的人。也就是說，在這種狀況中，要不要成為樣本是他們自己決定的，因此才稱為自我選樣。既然自我選樣不是隨機抽樣，所得出來的結果自然不會準確。

抽樣 (sampling) 畢竟不是普查 (census)，針對同一個目標群體所做的隨機抽樣不會每一次都得到一樣的結果，這種差異性構成了所謂的誤差範圍 (margin of error)。再舉剛剛《自由時報》的民調為例，蔡英文的支持率是 53.12%，報導裡面有提到抽樣誤差在 2.98 個百分點以內，這代表蔡英文的支持率落在 53.12% 加減 2.98% 的範圍內。以總統大選來說，誤差範圍通常都在 3 個百分點以內。

在民調中，除了誤差範圍，還有一個很重要的概念叫做「信心水準」（confidence level）。在剛剛提到的總統民調的報導中，有註明信心水準是 95%。這意思是說，有 95% 的機率，包含誤差範圍在內的民調結果會反映真實的情況。以蔡英文的民調結果來說，誤差在 53.12% 加減 2.98% 的範圍內，那麼有九成五的機會結果會是如此。

底下順帶介紹三個有趣的事實，主要都是關於樣本、誤差以及信心水準三者之間的關係。

首先，樣本愈大，誤差範圍會愈小，這是因為隨機抽樣的樣本若愈大，當然就會愈有代表性。然而，在樣本數超過 1000 之後，大幅提高樣本數並不會大幅縮減誤差範圍。例如，把樣本數從 1500 提高到 10000 只會降低 1 個百分點的誤差範圍。

第二，信心水準愈低，樣本數就可以愈小。例如，90% 的信心水準意味著，有 10% 的機率民調結果會不準確。如果可以接受這麼低的信心水準，當然可以不用有太大的樣本。

最後，誤差範圍愈大，信心水準就愈高。這是因為範圍愈大，我們當然更有信心最後民調的結果會落在這麼大的範圍內。當我們把結論的準確度降低了，就更有信心預測不會出錯。

很多人接受民調時即使沒有特定的想法也會硬擠出想法，原因之一是人們有一種傾向，認為提供假的意見比起承認自己沒有意見要好。在這樣的狀況之中，民調並沒有收集到人民真正的想法。想想我們自己在回答民調的時候，可能

不一定有真正的想法，或者對問題根本不了解。英國的一間數據分析公司曾做過一個民調，調查英國人對 1975 年的公共事務法案的看法。有 18% 的受訪者針對這份民調給了意見。問題是，這個法案是虛構的，根本不存在，人們卻仍然願意提供看法。該民調其實是重現了辛辛那提大學曾經做過的實驗，用來說明有很大一部分的人對於自己不熟悉的議題仍會做出回應。

在這個資訊發達的時代，做民調是一件很方便的事情，我們對於許多人事物的看法也都仰賴民調的結果。也就因為這樣，我們對於民調必須更加小心，不論是在設計、回應或評估等面向，都應該用更審慎的態度來面對。

「死亡之握」的黑魔法真的存在？類比、因果推論的功能及注意事項

本章要進一步談談另外兩種常見的歸納推理：類比論證 (argument by analogy) 以及因果論證 (causal argument)。先從類比論證開始介紹。

想像底下的情境。老師正在與小明討論大學畢業之後的人生規劃，由於小明對自己的未來沒有信心，老師為了給他一些鼓勵，於是舉了小傑當例子。老師說：「小明你不用擔心，你看看已經畢業的學長小傑。他功課好、態度積極而且做人謙卑，這些優點你也都具備。既然他現在事業很成功，你還擔心什麼？」

在這個例子中，老師給了一個論證來說明小明也會跟小傑一樣在事業上有所表現。老師是怎麼論證的呢？老師先說明小明與小傑有很多共通點；在這個基礎上進一步說明，因為小傑事業很成功，那小明以後的事業應該也會像小傑一樣成功。老師的這個論證是一個標準的類比論證。當某人提出一個類比論證時，他的目的是想要說明某事物有某個性質，於是他舉另外一個事物來做比較，指出由於兩者有共通點，加上被比較的事物具備論證者想要證明存在的性質，因此結論就是原本的事物應該也具有該性質。這是一種歸納推理，因為它的目的不在於證明結論一定會成立，而是可能會成立。

我們應該如何評估類比論證的強度呢？有幾個判準可供依循。首先是「相關相似性」(relevant similarities) 的多寡。所謂的相似性指的就是被比較的兩個事物間的共通點。為什麼要強調這些相似性必須「相關」呢？這個「相關」指的是與結論的相關，也就是說，能否拿來支持結論。例如，假設在剛剛老師的論證中，小明與小傑兩人都喜歡穿綠色的衣服。這點的確是一個相似性，但卻不是相關的相似性，因為穿什麼顏色的衣服似乎與事業能否成功沒有關係。

老師的論證提到其他的相似性，包括功課好、態度積極以及做人謙卑，這些與事業成功有關嗎？似乎是有的。當然，這些相似性各自可以支持結論到什麼程度，都有再討論的空間，重點是這些因素的確是相關相似性。相關相似性愈多，整個論證的強度當然就愈強。

為了幫助理解，我們可以再多看一個例子。假設你跟朋友在討論機器人，朋友認為機器人有情感，你問他為什麼，他說：「機器人跟人一樣都能動，而且會解題也會下棋。既然人有情感，那機器人當然也有囉。」這個類比論證能成立嗎？我們可以來檢視這個論證的前提是否提到足夠的相關相似性。

第一個相似性是會動，但會動顯然與有沒有具備情感並沒有關係。怪手會動，掃地機器人也會動，但兩者都沒有情感。第二個相似性是會解題，但電腦或電子計算機也會解題。顯然，會不會解題與能不能具備情感也無關。最後一個相似性是能夠下棋。幾年前轟動一時的 AlphaGo（下圍棋的 AI）

也會下棋，但應該不會有人認為 AlphaGo 具備情感。看起來這個論證提到的三個相似性與能不能具備情感都無關，不會是類比論證要具備的相關相似性。因此，這個論證是非常弱的。

第二個評估類比論證強度的判準是「相關差異性」(relevant dissimilarities) 的多寡。這裡所謂的差異性就是被比較的兩個事物間的不同點。這個差異性必須是相關的，也就是必須會影響到結論。再拿老師的論證為例。假設小明平常出門喜歡穿綠色衣服，小傑喜歡穿黑色的衣服，這的確是一個差異性，但它相關嗎？顯然沒有。前面說過，喜歡穿什麼顏色的衣服與事業能否成功無關。但如果小明是個很沒有野心的人，小傑卻是野心勃勃，這就會是一個非常關鍵的相關差異性。縱使小明具備了一些可以讓事業成功的條件，例如功課好、態度積極以及做人謙卑，但光是沒有野心這點，可能就會讓他難以在事業上發光發熱。相關差異性愈多，原本論證的強度就愈會被削弱。

如果被比較的兩事物有關鍵差異或是沒有足夠的相關相似性，這樣的類比論證可說是犯了「錯誤類比」(faulty analogy) 的謬誤。假設你跟朋友在討論怎麼帶小孩，朋友跟你說：「教小孩就跟教狗一樣，賞罰分明就會聽話了。」朋友想說的是小孩與狗有相似之處，可能包括智力與可愛的程度；既然對狗賞罰分明牠就會聽話，那對小孩應該也是。朋友的這個論證很可能會成為錯誤類比，因為狗跟小孩有關鍵的差異，後者有自主意識及反思能力，前者卻沒有。這項重大差

異足以使得整個類比變得不恰當。

　　第三個評估類比論證的判準是案例多寡。類比的案例愈多當然就愈有說服力。回到老師的論證。如果老師能再舉出更多其他學長姊的例子，而這些案例也都具備相同的相關相似性，這樣論證的強度就會大大增加。

　　最後一個評估類比論證的判準是案例的多樣性(diversity among cases)。再拿老師的論證來當例子。假設老師能夠舉出許多小傑之外的案例，這些案例不只包括畢業的學長姊，還包括別間大學的學生甚至沒上大學的學生，而且這些學生是不同性別、來自不同科系，這樣論證的說服力就會大大提升。因為這些案例除了滿足相關相似性的條件之外，還十分多樣化。這種多樣化證明了那些相關相似性與結論要論證的性質之間有強烈的連結，不是偶然發生的。

　　上述四個判準是我們在判斷類比論證的強度時可以綜合考量的，並不需要每個判準都滿足才算是強歸納，但滿足愈多，論證的強度就愈強。

　　除了類比論證，還有一種重要的歸納推理稱為因果推理。很多時候，我們會想知道事物間的因果關係，是什麼導致了某件事情發生？例如，古代的人觀察到打雷總是發生在閃電之後，因此就認為閃電是造成打雷的原因。當某個主張涉及事物的因果關係時，這個主張就叫做因果主張 (causal claim)。這時，我們如果進一步提出理由來支持該主張，我們就有了一個因果論證。在這樣的論證中，我們試圖針對某個結果，就其發生原因提出最有可能的解釋。

　　哲學家彌爾 (John Stuart Mill) 提出了五種方法來辨別因果關係，這裡介紹其中四種。第一種叫做一致法 (method of agreement)。讓我們用一個例子來說明。假設你與某個社團的人每個月都會聚餐一次。社團中有一位成員某甲有時候沒有來聚餐。在好奇心驅使之下你想學學名偵探來推理他缺席的原因，於是你開始觀察某甲出席的狀況。從聚餐的對話中，你得知一些某甲可能沒來的原因，包括要工作、要照顧小孩、隔天要早起遛狗以及某甲討厭的某乙有出席聚餐等等。你進一步發現，在你觀察出席狀況的這幾次聚餐中，每次某甲缺席的時候，都是他隔天要早起遛狗的日子，沒有任何其他因素滿足這個狀況。因此你得到的結論就是，隔天要早起遛狗很有可能就是某甲缺席的原因。這樣的推論就是一致法的運用。

　　第二種方法叫做差異法 (method of difference)。與一致法不同，我們要找的不是每次都有出現的因子，而是在個例間有差異的因子。假設你觀察到，當某甲隔天不需要早起遛狗時，他就會出席聚餐，那隔天要早起可能就會是某甲缺席的原因。

　　但事情並不總是如此順利，當我們分別使用上述兩法時，可能會得出多於一個的因子。例如，當我們使用一致法時，與某甲缺席一致的因子可能會有「隔天要早起遛狗」以及「白天有工作」這兩個因子，此時一致法無法告訴我們哪一個才是可能的原因。這個時候可以與差異法併用。假設應用了差異法之後，我們發現某甲有來的時候，他白天有工作，但是

隔天不用早起遛狗。這個時候「白天有工作」這個因子就可以被排除掉了。這種方法叫做「一致與差異併用法」(joint method of agreement and difference)，這比單單只使用一致法或差異法來得更準確。

第四種方法叫做共變法 (method of concomitant variation)。當我們觀察到兩事物有共同變化的關係時，彼此間很有可能就有因果關係。例如，若我們觀察到抽愈多菸，罹患肺癌的機率便提高，抽愈少則降低，那麼我們便能推斷抽菸很可能是導致肺癌的原因。

當然，上面這些方法都不是萬靈丹，都有出錯的可能，畢竟歸納論證容許反例。很多時候，我們無法考慮到所有可能相關的原因。例如上面提到關於聚會的例子，導致某甲無法出席的可能原因真的只有四種嗎？在實際的狀況中，恐怕還有更多，但我們無法一一想到或找出，有可能是因為找得不夠仔細，也有可能我們無法知道更多。

另一種導致我們做出錯誤因果判斷的原因是忽略了巧合的可能性。巧合是確實存在的。假設你對某人懷恨在心，於是用了黑魔法對他下詛咒，結果那個人隔天就被車撞死了。從旁觀者看來，可能會誤以為真的有黑魔法存在，但有可能真的是巧合。我們總是會認為：「哪有這麼巧的事？不可能是巧合。」但機率再怎麼低都還是有可能發生的，不然人們為什麼還是要持續買樂透呢？

世上有鬼還是有 UFO？五個判準教你找出最佳解釋

最佳解釋推論 (inference to the best explanation) 是歸納論證的另一種重要形式，不論是在日常生活或是人們愛看的推理故事中都很常出現。

就讓我們先舉推理小說中的例子來做說明。美國推理作家艾勒里・昆恩 (Ellery Queen) 有一部非常精采的短篇叫做〈非洲旅客〉，收錄在短篇集《昆恩探案系列》(*The Adventures of Ellery Queen*)。這篇小說敘述名偵探艾勒里・昆恩回到母校哈佛大學開設應用犯罪學的研究所課程，有三名學生修課。恰好一件謀殺案在附近的飯店發生，昆恩帶著三名學生到現場實地勘查（昆恩的父親是紐約市警局的探長），要三人在下次上課時報告自己的破案解答。下次上課時，三名學生信心滿滿地前來上課，每位學生都根據線索提出了不同的破案解答，乍看之下每個人的理論都完美地解釋了案情。在聽完三位學生的報告後，昆恩一一指出三人理論中有瑕疵的部分，接著提出了第四種解答，後來證明昆恩的答案才是真相。

在〈非洲旅客〉的案件中，待解釋的現象是一件謀殺案，我們想要知道這案子的真相。三名學生加上昆恩總共提出了四種破案解釋。在這四種解釋之中，昆恩的解釋是最好的，因此我們可以斷言昆恩的說法很有可能說中了真相。當然，

經過事後的驗證，昆恩的確是對的，畢竟他是名偵探！

解釋 (explanation) 與論證不同，一個論證提供我們相信某件事的理由 (reason)，解釋則告訴我們某件事發生的原因 (cause)。假設你跟我說水桶漏水是因為底部有破洞，你並不是在提供我理由來說服我相信水桶漏水，你是在告訴我是什麼原因導致水桶漏水；因此你並沒有提出一個論證，而是給我一個解釋。但如果你跟我說的是，死刑不該廢，因為殺人就要償命，你是在說服我相信死刑為何不該廢除，也就是給我一個相信這件事的理由。這個時候你提供給我的是一個論證而非解釋。

然而，解釋可以是論證的一部分，最佳解釋推論就是一個例證，可以整理成下述的形式：

（最佳解釋推論）

前提一：存在一個待解釋的現象

前提二：某個解釋對該現象而言是最佳的解釋

結　論：該解釋很有可能是真的

我們再來看一個推理小說的例子。名偵探福爾摩斯第一次見到華生醫生的場景可說是推理小說史上的經典場景。福爾摩斯見到華生後開口的第一句話也成為推理小說史上的經典臺詞。福爾摩斯對華生說：「你從阿富汗來。」這句話嚇傻了華生，也嚇傻了讀者。福爾摩斯是怎麼知道的？其實，這是很典型也很簡單的福爾摩斯式觀察法。福爾摩斯注意到華

生是醫生，但卻有軍人的習氣，應該是個軍醫。他注意到華生的臉十分黝黑，但明顯不是他原本的膚色，因為手腕部分的皮膚比較白皙，因此很有可能是從熱帶地區回來英國。此外，華生整個人看起來像是剛經歷重大的磨難，也有病容；他的左手明顯受傷了，因為動得不太自然。哪個熱帶地區會是一名英國軍醫經歷重大磨難之處呢？以當時的時空背景而言，只會是阿富汗（歷史上的第二次阿富汗戰爭發生於 1878年至 1880 年）。

福爾摩斯在此隱約運用了最佳解釋推論。有一個現象待解，也就是華生的狀態，顯然他剛經歷某些事情。福爾摩斯根據觀察到的現象提出一個最佳解釋。雖然在小說中沒有明講，但福爾摩斯的心中有可能很快地閃過了一些可能的解答，例如華生可能是在戶外做運動結果弄傷手臂了。但這個解答似乎沒有阿富汗的解答來得好。當然，最佳解釋不能保證一定是真相，但在小說中，名偵探福爾摩斯是幾乎不可能出錯的，事實也證明他的確沒錯。

最佳解釋推論不只發生在推理小說中，也常在日常生活中被我們應用。當你回到家卻發現家中空無一人，或是發現冰箱的蛋糕被偷吃了，你應該會開始思考可能的解釋，並從中尋求最好的解答。根據最佳解釋推論，那個最好的解答最有可能是對的。在日常生活中，我們通常有能力進一步驗證得出的最佳解釋是否正確，因此不會停留在假設階段。

有人可能會問，我們的確可以針對待解釋的現象提出很多解釋，但要如何決定哪個才是最佳解釋呢？有一些判準可

以依循，不過在應用這些判準之前，有一個先在的標準必須
要先滿足，才能成為候選的解釋或理論。這個先在的標準就
是一致性 (consistency)。一致性分為內在一致與外在一致。
內在一致的意思是指，理論本身不能有矛盾。在華生的例子
中，福爾摩斯從華生的左手動作判斷出手臂有受傷；但如果
福爾摩斯同時認為從華生的動作可以看出他沒有受傷，這樣
在福爾摩斯的解釋中就出現了矛盾，而這種矛盾是理論內部
的矛盾，因此稱為內在不一致。外在一致指的是與外在證據
不能有衝突。如果福爾摩斯提到華生手腕上有施打毒品的痕
跡，並據此來解釋華生的生理狀態，這樣的理論就算內在一
致，也沒有滿足外在一致的要求，因為實際上華生的手腕並
沒有注射的痕跡。

當一個理論滿足了一致性的要求，我們就可以進一步用
底下五個判準來檢驗。這些判準稱為「適恰性的判準」
(criteria of adequacy)。當兩個理論在各方面都不分軒輊，但
其中一個理論有滿足某個適恰性判準，另一個理論卻沒有，
前者比起後者就是最佳解。底下比較理論時都預設這個條件，
不再另外重複提及。

第一個判準是可驗證性 (testability)。假設你頭痛找不出
原因，我告訴你說頭痛是鬼造成的，這樣的解釋並沒有滿足
可驗證性的條件，因為你沒有任何方法可以檢驗我的說法。
但如果我告訴你說，你是因為壓力太大而引起頭痛，你就可
以試著減輕壓力來驗證我的說法。一個無法驗證的理論沒有
太大的實質意義。

　　第二個判準稱為豐碩性 (fruitfulness)。如果一個理論可以做出新的預測，這樣的理論比起無法做出新預測的理論會來得更好。這在評估科學理論時尤其有用。例如，愛因斯坦的廣義相對論預測光在行經巨大質量的物體時會呈現扭曲狀態，因為超大質量的物體——例如星體——會產生極大的引力使周遭的空間扭曲。但當時主流的理論認為光是直線進行。愛因斯坦的預測後來在 1919 年被物理學家愛丁頓 (Arthur Eddington) 爵士證實。

　　第三個判準關係到解釋的範圍 (scope)。如果某個理論比起另一個理論在解釋的範圍上更廣，那麼就會是更好的理論。舉一個例子，所謂的幽浮 (UFO) 指的是不明飛行物體 (unidentified flying object)。從古至今，世界各地都有人目擊幽浮。我們該如何解釋幽浮這個現象？一種常見的說法是，幽浮就是外星人的太空船，也就是飛碟。但也有另外一種解釋，是從心理學的角度出發。心理學中有一種理論叫做建構式感知 (constructive perception)，根據這種理論，很多時候人們所感知到的事物會部分地被自己的期待或信念所決定。按照這種看法，原本就相信有外星人的人就會更容易認為自己有看見外星人，但其實只是把熱氣球看成了飛碟。建構式感知的說法比起飛碟的說法，在解釋範圍上來得更廣，因為它不但可以解釋幽浮的現象，還可以解釋幾乎所有的超自然現象。例如，本來就相信有鬼的人到鬼屋探險並說自己看見鬼，其實是因為他本來就相信有鬼，因此更容易相信自己有看見鬼。這種人所感知到的鬼是他自己建構出來的。

　　評判最佳解釋推論的第四個判準稱為簡單性 (simplicity)
原則。如果一個解釋或理論的預設比起另一個來得更多，那
麼預設少的理論會比較好。簡單說，愈簡單的理論愈有可能
是對的。讓我們來看一個例子。1994 年在紐西蘭南島的但尼
丁曾發生一起驚人的滅門血案，班恩家族 (Bain family) 一家
六口遇害，只有長子大衛倖存。大衛後來成為最大嫌犯，在
1995 年被宣判終生監禁。案發當時他 22 歲，後來經過不斷
上訴，直到 2009 年終於因為證據不足被無罪開釋。針對班恩
家族謀殺案，至少可以有兩種解釋，一種是倖存者大衛・班
恩就是兇手，一種是有外來者入侵殺了全家。這兩種理論都
可以解釋兇殺案。然而，根據簡單性原則，前者會是比較好
的解釋，因為前者的預設比後者少。外來者的理論預設了有
一個入侵家中的人物，但倖存者理論直接指向活下來的那個
人是真兇。當理論中的假設愈多，這個理論出錯的可能性就
愈大。

　　我們可以再看看另一個例子。假設你早上要上班時發現
車子發不動，請問底下哪個說法更有可能是真的？（一）引擎
壞了；（二）昨天下班時車子通過了異次元空間，因此車子出
了問題。嚴格來說，這兩個解釋都可以說明為何車子發不動，
但異次元的解釋不符合簡單性原則，它假設了異次元存在，
而這個假設不一定能成立。

　　上述討論並沒有說愈簡單的理論就一定是對的，只是說
它通常會是對的。簡單性原則在哲學中通常被稱為奧坎剃刀
(Ockham's Razor)，這是由十三世紀的修士哲學家奧坎

(William of Ockham) 所提出，成為一個極有影響力的原則。

最後一個適恰性判準是保守主義 (conservatism)。這邊的保守指的是知識上的保守，也就是不輕易接受悖離常理的主張。一個理論不能與我們已經接受為真的事有所衝突。假設發生了一件密室殺人案，我們不明白兇手是怎麼在殺人後從密室中逃脫的。這時有人提出解釋說兇手是使用魔法逃出。這樣的說法當然不足採信，因為魔法與我們所知的科學是有牴觸的，我們沒有理由放棄科學轉而相信魔法。

上述這五個判準可以當成我們在考慮候選解釋時的得分項。哪個解釋在五個項目中得分最多，就是最佳解釋。然而，前面說過，最佳解釋推論是歸納推理，前提真不保證結論真。就算我們找出了最佳解釋，這依然無法保證這個最佳解釋一定就是真相。

9 支持同婚就會跟摩天輪結婚？反對者的幾種常見謬誤

所謂謬誤 (fallacy)，在批判思考或邏輯中指的就是壞論證（不論演繹或歸納）。有些壞論證是人們一犯再犯的，這些論證被取了名字，本章的謬誤特指這些被「認證」過的壞論證。為什麼人們會一再犯了謬誤呢？因為謬誤在乍看之下像是好論證，其實不是。謬誤是經過偽裝的壞論證，在心理上有說服力，在邏輯上卻是零分。人們一旦掉入謬誤的陷阱，就會說出不合邏輯的話。一般教科書會介紹的謬誤多達十數種，而實際上謬誤的數量遠高於此。本章只挑選常見的四種謬誤做介紹。

一般說來，謬誤可分為兩大類。第一類的謬誤之所以成為謬誤，是因為包含了不相干的前提。也就是說，論證的前提與結論無關，根本不成理由，所以無法支持結論。第二類的謬誤之所以成為謬誤，是因為使用了令人難以接受的前提；這些前提雖然與結論有關，但本身是有問題的，很可能無法成立。我們先從第一類介紹。

首先是起源謬誤 (genetic fallacy)。假設你跟朋友在討論政治，朋友痛批 K 市長的政策是胡說八道，因為 K 市長是 Y 黨的成員。讓我們來整理一下友人的論證。顯然，這個論證的前提是「K 市長是 Y 黨的成員」，結論是「K 市長的政策是胡說八道」。友人的語氣不像是在講 K 市長「可能」在胡

說八道，因此這個論證應該看成是演繹論證。前面介紹演繹論證時有提過，判斷一個論證是有效論證的關鍵在於，如果一個論證不可能前提真結論假，那麼這個論證就是有效論證。

關於 K 市長的論證有可能前提真結論假嗎？有沒有可能 K 市長確實隸屬於 Y 黨，但他所提的政策卻是正確的？當然有可能。如果 K 市長提說要蓋捷運，那麼我們應該做的是去評估 K 市是不是真的需要捷運以及適不適合蓋捷運，這可以從都市設計、地質還有經濟發展的角度來判斷，跟市長屬於哪一個黨沒有關係。一個人所提出的主張之對錯與他的背景或來歷是沒有絕對關聯的。某人不會因為來自特定的政黨或種族，就讓他提出要蓋捷運的主張變成對的或錯的。

我們再看看另一個例子。《十二怒漢》(12 Angry Men) 是 1957 年非常經典的一部推理電影，這部電影敘述十二名陪審團員如何反覆推敲一件謀殺案。一名男孩涉嫌殺害自己的父親，陪審團必須決定男孩是否確實有罪，因此展開討論。在電影中，其中一名陪審團員認為男孩是來自貧民窟，所以兇手一定是他。另外一名陪審團員馬上反駁，他自己也是來自貧民窟，但他從來沒有犯罪過。第一名陪審團員的推論犯了起源謬誤。就算男孩是來自貧民窟，這代表他一定會是殺人犯嗎？就如第二名陪審團員指出的，這個論證有可能前提真結論假，也就是存在反例，因此是無效論證。仔細想想，來自貧民窟與是否會殺人沒有必然的關聯。人們常犯起源謬誤，因為人們很常對一個人的來歷與背景有偏見，進而把它當成支持結論的理由，但這樣的前提其實與結論是不相干的。

　　下一個常見的謬誤叫做攻擊稻草人 (straw man) 的謬誤。這種謬誤指的是，把對方的論點弱化、簡化或扭曲，以至於更容易被攻擊。來看一個很簡單的例子，考慮下面 A 與 B 的對話：

> A: 我們應該移除臺灣各地所設置紀念 K 的銅像，因為 K 在過去是個殺人無數的獨裁者。
>
> B: 有必要嗎？又不是每個 Y 黨的人都像 K 這樣。

　　從這對話脈絡可以看出 K 隸屬於 Y 黨，而 K 在過去是個冷血殘酷的獨裁者。A 這裡的論證是，因為 K 是個暴君（前提），因此我們應該移除各地設置的 K 的銅像（結論）。很明顯 B 是支持 Y 黨的。B 不同意 A 的結論，而 B 是怎麼反駁 A 的？B 說並不是每個 Y 黨的人都像 K 是個殘酷的暴君。但 A 有這麼說嗎？A 真正說的是「K 是個暴君」，A 並沒有說「Y 黨所有人都是暴君」，後者是個很脆弱的主張，無論隸屬任何政治立場的人都應該不會同意。但 B 急於捍衛 Y 黨，很自然而然地把 A 說的話扭曲成攻擊 Y 黨。如果我們在電視上看到 A 與 B 在辯論（假設他們都是政治人物），而我們接受了 B 的說法，我們大概就會認為 A 講的沒有道理，因為他提出的前提與結論不相干。甚至如果 A 自己的腦袋不夠清楚，有可能一時之間也會無法理清這之中的邏輯來反駁 B。

　　這裡發生的事情是，B 對 A 的前提之詮釋已經變成另外一個主張，而且還是一個很容易被駁倒的主張，B 把 A 的主

張給扭曲了，然後攻擊這個 A 從來沒有當作前提的主張，這也讓被扭曲的前提無法與 A 原本的結論產生關連性。這就好像 B 自己豎立了一個稻草人並攻擊這個稻草人，自己打得很開心，但其實根本沒有打到任何人。這就是為什麼這個謬誤叫做稻草人謬誤，俗稱「打稻草人」。

有些謬誤的前提雖然與結論有關，但本身就有問題，這就是我們接下來要談的第二類謬誤。很常見的一個謬誤叫做錯誤兩難 (false dilemma)。考慮底下的例子，B 正在談我國的經濟，論述焦點在於要不要與 K 國貿易。支持 K 國的 B 可能會這麼說：

B: 如果不靠 K 國來提振我國的經濟，我們就只能等死了。誰想等死？所以只能靠 K 國了。

B 在這裡所提出的論證正是標準的錯誤兩難。B 的論證是：（前提一）我們只有兩個選項，要嘛靠 K 國來提振經濟，要嘛等死；（前提二）沒有人想等死；（結論）所以我們只能靠 K 國來提振經濟。但這個論證的第一個前提其實是有問題的，真的只有兩個選項嗎？開拓其他國家的市場不也是一個選項？甚至我們還可以有第四種選擇：與其他國家做生意的同時也與 K 國持續進行貿易。錯誤兩難可以說是一種很狡猾的陷阱，提出兩難的人刻意誤導我們相信只有兩種選項，再進一步排除了我們明顯不能接受的其中一個選項，最後迫使我們接受另一個，也就是他心裡想的那一個。但這個非此即

彼的前提其實不能成立。

錯誤兩難有時候也會成為困住自己的心理障礙，因而造成悲劇。有些人因為感情想不開而自殺，他們心裡面想的可能是：「如果你不跟他（她）分手，我就只能去死了！」這樣的思維預設了只有兩種選擇：要嘛你跟他（她）分手，要嘛我去死；你不跟他（她）分手，所以我只能去死。可是難道不能有第三種、甚至第四種出路嗎？美國犯罪小說作家勞倫斯・卜洛克 (Lawrence Block) 就在他的小說中提過，很多人好像以為不能選 a 就只能選 b，但別忘了還有其他二十四個英文字母。

最後，我們來介紹滑坡 (slippery slope) 謬誤。在討論同性婚姻的議題時，有一種反對的意見認為，如果同婚合法化，那是不是人獸交也會合法？如果我們無法接受人獸交，那麼就應該反對同婚。事實上，這是一個很典型的滑坡論證。它的基本結構就是，行動 A 會導致結果 B；但 B 是我們不能接受的，所以我們不該做 A。問題是，A 真的會導致 B 嗎？其實反對者並沒有提出理由來證明這件事，這也是滑坡謬誤的問題之所在。僅僅主張 A 會導致 B 是不夠的，必須說明為何如此。

很多時候，滑坡不會只從 A 滑到 B，還會一路往下滑。考慮底下這個例子，老師正在罵學生：

老師：如果你不用功，以後畢業就找不到工作，找不到工作你
　　　就會去偷東西，偷多了就會開始搶劫，搶劫就會殺人，

你想成為殺人犯嗎？不想的話就乖乖用功！

　　老師說的每個事件之間都沒有太強的連結。例如，不用功就會找不到工作嗎？回想一下求學階段，真正用功的不就班上前幾名而已？照這個邏輯，應該幾乎整班都找不到工作了，但事實上有嗎？就算老師把說法弱化成「很有可能會找不到工作」，好像也難以成立，因為全班大部分人還是找到工作了。後面的部分一樣說服力不夠，找不到工作是否會去偷竊，偷竊是否會演變成搶劫，搶劫犯是否就會殺人，這些都不一定會發生。雖然用功讀書是好事，但老師的論證在這裡已經犯了滑坡謬誤，若無法替涉及滑坡的前提提供說明，我們就沒有理由接受該論證的前提。

　　人們常犯的謬誤數也數不完，本章只能簡單介紹。不過，只要把握住兩個重點就能更成功偵測到謬誤。第一個重點是，對方提出的前提與結論有沒有關聯性？第二個重點是，前提本身有沒有問題？當我們在檢視自己或他人的論證時，要把這兩點記在心上。祝各位謬誤鑑識成功。

10 聽專家的話對嗎？達文西、湯姆‧克魯斯和喝牛奶的蛇

　　活在這個世界上，我們必須仰賴許多權威，例如生產與傳播知識的學者。這些權威指引著我們過生活。而有一種謬誤稱為訴諸權威的謬誤 (appeal to authority)。訴諸權威為什麼會是謬誤呢？本章將聚焦在這個特殊的謬誤來做介紹。

　　這裡所說的權威主要是指專家 (expert)。專家的意見非常重要，指導著我們的人生。在生活中遭遇到問題時，我們會向專家求助。例如生病的時候，我們向醫生求助；有法律問題，我們找律師；家裡的水管有問題，我們找水電工。所謂「術業有專攻」，各個領域的專業人士都是專家，解決我們各式各樣的問題。甚至，學校的課本也都是專家寫的。我們從小到大接受教育，仰賴的就是書本裡的知識。對於各領域的知識，我們不可能全部親身去發現，大部分都是專家告訴我們的。在很多事情的判斷上，我們會請專家幫我們做判斷，這是因為專家懂的比我們多，我們可以信任他的判斷。當我們接受專家的判斷時，我們不需要自己提出額外的理由。當地球科學的課本告訴我們地球會繞太陽公轉，我們就直接相信，不必再做論證。

　　如果今天有人的主張跟專家的意見衝突，那麼我們可以合理質疑他的主張。例如，假設你發生不明原因的背痛，骨科醫生告訴你是因為脊椎側彎，媽媽跟你說是心理作用，你

會相信誰？如果媽媽不是醫生的話，那麼你可能就要對媽媽所說的話打折扣。對於背痛的了解，媽媽不太可能比骨科醫生多。

那麼，萬一專家的意見與其他專家的意見衝突呢？這個時候我們也要特別小心，不要貿然接受任何結論。例如，關於中共是否會武力犯臺一事，專家的意見一直以來都有衝突。2019 年美國戰略暨國際研究中心舉辦會議，請來兩名專家針對此一議題進行激辯。如果連專家都沒有共識，那麼我們這些非專家的人就不該遽下結論。只有在下列兩個條件的其中之一滿足時，我們才能說自己做出可信的判斷：要嘛專家到最後達成共識，讓我們能相對放心地接受他們的判斷；要嘛我們讓自己也成為專家，努力學習相關領域的知識與累積經驗。後者當然不容易，但並非不可能。

為什麼訴諸權威會是一種謬誤呢？前面說過，仰賴權威是合理的，面對專業領域的問題，權威能協助我們判斷一個主張的對錯，有問題的不是訴諸權威，而是訴諸錯誤的權威。當我們把不是專家的人當成專家，也就是訴諸「假專家」，並仰賴他們來幫我們做判斷，這個時候就犯了訴諸權威的謬誤。這可以分成兩種情況。

首先，一個人在某個領域是專家，不代表他在另一個領域也是專家，一般人很容易忽略專家是有分領域的。一名文學教授如果在臉書上大談神經科學，斷言說換腦手術在五年內會發生，我們對他的說法可能要持保留態度。理由並非是他不是專家，而是他不是神經科學的專家。畢竟換腦牽涉到

的不是文學，而是科學。但我們很容易因為一個人的專家身分，就把他對其他領域的發言都看成有一樣的可信度，殊不知隔行如隔山。當然，歷史上曾出現過一些全能型的通才，例如達文西或亞里斯多德，在許多領域都有驚人的表現，但這些畢竟是少數。現代這個專精化的社會，專家大多只專精於一個領域，頂多專精兩個領域，但就連雙重專業都是極少數。

訴諸假專家的第二種情況是，我們很容易因為一個人的名望、地位甚至性吸引力就把他當成專家。一個很有名的例子是湯姆‧克魯斯。他曾經在電視節目上抨擊精神醫學是偽科學，並說抗憂鬱的藥物都是騙人的，對抗憂鬱真正有效的是運動與吃維他命。這番言論一出，馬上引來美國精神醫學學會 (American Psychiatric Association) 的回應，指出湯姆‧克魯斯的說法無法否決掉多年來科學家的研究成果。這裡的重點不在於湯姆‧克魯斯的看法對不對，而在於如果我們因為他有名望、地位或者是魅力就接受他的說法，那就犯了訴諸權威的謬誤。我相信很多湯姆‧克魯斯的粉絲會因為剛剛提到的那些因素就相信他對精神醫學的看法，但這不會是一個讓我們質疑抗憂鬱藥物的好理由。此外，這裡也出現了先前提過的非專家與專家意見的衝突。湯姆‧克魯斯對抗憂鬱藥物的理解會比美國精神醫學學會來得多嗎？除非他能提出可靠的證據，否則對於他的說法我們最好抱持懷疑態度。

以上這些討論並不是說文學教授不能發表對換腦手術的看法，或是湯姆‧克魯斯不能發表對精神醫學的看法，也不

是說他們一定是錯的。重點在於，當我們訴諸專家看法時，我們要能判斷對方的說法是否真正可靠。如果對方不是真正的專家，他們的看法我們自然不能貿然接受。

這裡一個很根本的問題是，我們要怎麼認定一個人是真正的專家？有兩個基本的要求必須滿足。首先，我們可以看對方的教育背景，是不是有相關的學位？取得學位的大學是不是好的學校？每次臺灣有大選之前，許多人總是為了候選人的學位真假而鬧得沸沸揚揚，可見學位多麼重要。學位證書就像證照一樣，是專業的證明。

其次，在相關領域有豐富的經驗也很重要。有些在大學授課的教師雖然沒有博士學位，但在專業領域有很豐富的經驗，因此仍被視為專家。

當然，以上這兩點只是最小的要求，無法有絕對的品質保證。我們也時常聽聞有人從名校畢業，專業卻還是備受質疑；或者是有些人有豐富的經驗，卻還是不太可靠。後者的例子可在政治領域看到，有一些政治人物有豐富的從政經驗，卻還是政客。一般說來，有這兩點最小要求就夠了，但若還想有更進一步的判斷依據，底下有兩個指標可供參考。

首先，同儕之間的聲譽很重要。如果一個人在他自己的領域中贏得其他同儕的認同，這種人應該具備真材實料。雖然這麼說誇張了點，但港漫《火鳳燎原》中有一句名言說，有一種天才是天才公認的天才，這不就是同儕聲譽嗎？回過頭來，所謂的聲譽，當然也可以包括得過重要獎項或是擔任重要職位，這兩個條件在一般情況下都足以說明其能力有經

過同行認證，可以信任。

　　第二個指標是關於專業成就。如果一名腦神經外科醫生曾經成功完成過相當困難的開顱手術，那麼他對相關病情的判斷就更值得相信。或是，如果一名小說家曾經寫過暢銷四十國的經典，我們也更有信心相信他是真正的說故事專家。專業成就是證明自己是真正專家最直接的方式。

　　就算我們能夠判斷誰是專家，或者誰是專家中的專家，也還得小心一種狀況，就是專家可能會帶有偏見。專家畢竟是人，只要是人都還是會受到金錢、政治、人情等種種因素的影響而做出不當的判斷。我們必須謹慎評估這種情況。一旦察覺專家的意見受到非專業因素的影響，我們就不應該貿然接受專家的主張。

　　既然提到專家是人，就不能不提犯錯這件事。是人就會犯錯，但我們不能因為專家犯了錯誤就抹煞他的專業。福爾摩斯曾辦過一個案子，根據故事裡的描述，兇手養了蛇，而且還餵蛇喝牛奶。但事實上蛇並不喝牛奶。即使柯南‧道爾在福爾摩斯探案中犯了生物學的錯誤，這也不代表他就不懂怎麼寫推理小說。同理，歷史上一些科學家曾經提出過錯誤的理論，但這不代表他們就不是科學領域的專家。犯錯人人都會，專家也不例外，若有不犯錯的權威，那大概只會是上帝。在政治上，很多政客喜歡把小錯誤放大，用來攻擊對手，讓對方顯得一無是處，但其實這是沒有道理的。

　　訴諸權威的謬誤也跟如何在網路上查找資料有關。在這個資訊爆炸的年代，我們只要一有不知道的事就會上網查資

料，但我們能確定我們查到的資料來源可靠嗎？有些人找資料，在 Google 輸入關鍵字後，就把跳出來的第一個網頁點開來閱讀，也不管是誰寫的。其實這是很危險的。我們應該要注意，這文章的作者是誰？上面有沒有載明作者有相關背景訓練？在其他網頁能查到作者的相關資料嗎？這些都是非常重要的調查工作。如果沒有確認清楚，我們可能會讀到「假專家」的文章，也就不太可能獲得可信的資訊。

除了調查上述事項，我們還可留意一件事，就是作者是否有在個人網頁上留下聯絡方式。一個真正對相關議題有研究、負責任的作者，通常會留下聯絡方式，這也是一種專業的表現。當然，網站本身隸屬什麼單位也很重要。如果你讀到關於醫學的研究報導是醫院的官方網站發布的，可信度當然就很高。發布單位本身如果就是相關的單位，訴諸這樣的資訊就比較不會有訴諸假專家的問題。

總結來說，訴諸權威的謬誤並不是說只要訴諸權威就犯了謬誤。這裡的權威單指不對的專家。有些學者因此把訴諸權威的謬誤翻譯成「濫訴權威」的謬誤，更準確地道出了該謬誤的內涵。

Part 2 你會問問題嗎?

　　哲學是什麼?一般人對哲學的印象可能是「很難」、「高深莫測」、「沒有實用性」或跟算命有關。即使是哲學界的人也可能會告訴你好幾種版本的解釋,因此讓這個問題變得更加撲朔迷離,也讓哲學蒙上了神祕的色彩。

　　簡單説,哲學追問了許多我們平常不會去思索的事,許多我們視為理所當然的事。哲學,可以説是關於「根本性問題」的學問。

　　本書的第二部分將一一介紹這些根本性問題,用簡單的語言及生活化的實例來聊哲學,引領各位一窺哲學的堂奧,享受思考的樂趣。

愛一個人是愛他的身體還是愛他的腦？

　　如果你得了重症快死了，你願意跟別人交換身體以換取生命嗎？交換完的人還是同一個你嗎？或者換個日常一點的例子：昨天的我跟今天的我為什麼是同一個我？這便是本章要介紹的哲學主題——人格同一 (personal identity)。

　　有一個關於人格同一故事是這樣寫的：一名男人邂逅了一名女人，兩人墜入愛河，陷入熱戀之中。不料，某一天女人卻人間蒸發、不告而別。心急如焚的男人到處尋覓伊人的蹤跡卻遍尋不著，就這樣過了一年。某日，男人下班之後，一名陌生女子攔住他，聲稱自己就是失蹤的女友；男人當然不信，因為眼前這名女人在外貌上完全是另一個人。女人坦言當年失蹤是因為被神祕的科學家綁架，動了換腦手術，她與另一名女人交換了大腦。男人剛開始覺得荒誕無稽，因為換腦手術並不存在，但卻逐漸被女人的說法說服，因為她不但記得他們之間的所有事，就連個性與神韻都與過往女友如出一轍。就在男人逐漸認同這名女子就是前女友時，另一名女人出現了，她有著男人前女友的身體，卻擁有完全不同的記憶。看到熟悉的形貌，男人陷入錯亂了，到底這兩人是誰？他愛的人究竟是誰呢？

　　以上是 2012 年出版的臺灣推理小說《無名之女》的情節。這個故事所揭示的主題，正是「人格同一」，或稱「身分

同一」的問題。簡單說，一個人 (person) 之所以能維持是同一個人的條件是什麼？有了什麼你就會是你？你失去了什麼你就不再是你？

在此必須注意，哲學上的同一性指的是數量同一 (numerical identity) 而非性質同一 (qualitative identity)。這兩者的區分可用下列例子來說明。假設我拿了一顆紅球在手上，接著我又從裝球的桶子中拿出了一顆一模一樣的紅球，這時候，我們說這兩顆球是性質同一，因為它們具備一樣的性質，都是紅色並且形狀相同；但它們不是數量同一，因為不是同一顆球。在人格同一的哲學討論中，哲學家關心的是數量同一而非性質同一，亦即是否為同一個人，而不是兩個相似的人。

同一性的問題在哲學中是屬於形上學 (metaphysics) 的領域，我們可以先從沒有生命的物件考慮起。西元一世紀的作家普魯塔克 (Plutarch) 曾提出一個很有名的難題叫做「忒修斯之船」(Ship of Theseus)，大意是說，希臘神話中的英雄忒修斯所搭乘過的船被留下來當紀念，隨著時間推移，船體零件慢慢損壞，於是人們便將損壞的部分換新，如此反覆，直到有一天整艘船的零件全都換過了。試問：這艘船還是原來的忒修斯之船嗎？

同樣的狀況也發生在人身上。身體的細胞大約七年會更換一輪，由於細胞會汰換更新，你的身體也跟忒修斯之船一樣更新過。如果說，我們認同一個人之所以為同一個人是因為維持同一個身體，那麼該如何面對忒修斯之船的挑戰？也

許一般人不太確定如何回答忒修斯之船的問題，但大部分的人大概不會認為一個人因為細胞汰換就不再是同一個人了。如此一來，你身邊的所有人——包括你自己——都不再是同一人，這似乎有點荒謬。有鑑於此，也許我們應該接受細胞更新的狀態並未改變一個人的人格同一性，理由是它是一種比汰換船體零件還要緩慢、細緻的漸進式改變。如果我們能接受這樣的解釋，那麼身體的逐漸汰換更新應該看成是同一身體的逐漸改變，或者說，維持著某種生理上的持續性 (continuity)。

因為人有生理跟心理兩個面向。因此除了考慮身體的變化之外，心理面向也很重要。有時候我們會說：「你好像變了個人，跟以前都不一樣了。」這時候我們指的可能是性情大變，而不是說你真的變成另外一個人。但是，我們可以想像在某些情況，心理方面改變的幅度會讓我們懷疑原來那個人已經不在了。例如，日本推理小說作家東野圭吾的作品《變身》描述男主角因腦部損傷而接受部分腦移植手術，術後性情逐漸產生令人悚然的轉變，不但變得冷血殘酷還帶有暴力與殺人傾向。原來男主角所移植的腦是來自殺人犯，而對方正逐漸吞食他的人格。

不過，哲學中關於心理面向的討論通常聚焦在記憶的持續性。英國哲學家洛克 (John Locke) 曾想像過一個狀況，如果一個帶著前世記憶的王子靈魂，進入了一個剛被自身靈魂拋棄的補鞋匠身體，大部分人都會認為他與王子擁有同一個人格，因為他有著王子的言行。更準確地說，王子的記憶因

具有持續性，因此決定了人格同一性。同樣地，在《變身》
這個故事中，若是殺人犯的記憶完全取代了主角的記憶，那
麼按照洛克的說法，主角這個人可以說是已經不存在了。

　　讓我們回到《無名之女》的故事。兩名女主角互相交換
了身體，記憶則跟著大腦進入了新的身體。在這個狀況中，
到底是身體決定了人格同一，還是記憶？在上述這些案例之
中，身體或記憶的持續性的確是我們最先想到的兩個判斷依
據。我們對於身體有很深的依戀，畢竟在日常生活中，辨識
他人身分的主要依據都是身體。但身體真的能決定人格同一
性嗎？如果你的親人完全失去記憶了，或者是他的記憶被別
人取代了，我們對於身體作為判準這件事是否會動搖？

　　在換腦的例子中，我們對於記憶的部分似乎也非常執著。
在很多電影、動畫或漫畫中，常會出現洛克所假想的那種情
境，也就是主角的心靈（包括記憶）進入了別人的大腦中，
這時候讀者或觀眾好像不會用身體來認定主角到底跑去哪裡
了。也就是說在這種狀況下，的確如洛克所說，我們並不以
被附身者的身體來定義他的人格同一性，而是入侵者的記憶。

　　不過我們仍然可以用另一個思想實驗來測試我們的直
覺。一些科幻故事中常有星際旅行的情節。例如，要前往火
星，你只需要走進地球的傳送站，進入傳送機並按下按鈕。
這時機器會將你所有的生理資料傳送到火星上的傳送站，利
用火星上的原料製造出一個一模一樣的你。這個新製造出來
的你，不但有著看起來一樣的身體，就連記憶也沒有缺損。
當你在火星上醒來時，記憶會接續你在地球上按下按鈕的那

一刻。但是，當你按下按鈕的那一刻，地球上的你會立刻被傳送機摧毀。換句話說，進行這樣的星際旅行，你必須犧牲你的身體，但記憶卻可以保存。試問：踏出火星傳送站的那個人，還是原本的你嗎？你可以思索看看並自問是否願意進行這樣的旅行。這類思想實驗讓我們明白，要解決這個哲學問題事實上沒有那麼容易。

有些人或許會覺得人格同一的哲學議題沒有太大意義。換腦後或進行星際旅行後的人是誰，有那麼重要嗎？就如同在《無名之女》的故事中，把女主角當成一個新的人重新愛上不就行了？她的名字或身分是什麼似乎不是重點。因為決定她是誰只是一個理論上的問題，無法關涉到活生生的現實。不過，問題其實沒有這麼單純。如果我們無法找到一個合理的判準來決定人格同一，在現實上會遇到很多困難。再舉換腦為例，如果換腦前的人跟你具有親屬關係，那麼換腦後這個親屬關係還存在嗎？如果無法決定這件事，你可能無法繼承遺產，無法決定跟繳稅有關的扶養關係，無法決定戶政資料要怎麼填寫，還有其他更多事情無法決定。又或者，換腦後的人若犯了罪，那麼有了前科的這個人究竟要登記是誰呢？如果他發明了科技產品，專利是誰擁有？諸如此類的問題，在實務上的決定可能都必須訴諸形上學家所給出的說法。可見人格同一事實上會牽連到跟我們息息相關的法律或社會關係，這個哲學問題絕不純粹是形而上的思考遊戲而已。

雖然哲學家對人格同一的問題迄今仍爭論不休，但他們所提供的觀點都極富思考性，讓我們對一個人之所以為同一

個人的條件有多角度並且深入的認識。下次閱讀涉及人格同一的科幻作品時，不論是電影、劇集、漫畫或小說，不妨將這個哲學問題放在心上，也許更能享受作品的樂趣，也能針對人類未來可能面對的問題做更多的思索。畢竟，隨著醫學的進步，《無名之女》或《變身》中所提到的換腦手術並非空想，而是未來可能發生之事。科幻小說家提出未來的問題讓我們反思，哲學家則針對這些問題提出回應。

活到懷疑人生？別擔心，哲學告訴你為什麼這很重要

　　這個世界真的存在嗎？你的身體真的存在嗎？有沒有可能這些都是你的幻覺？有沒有可能你所有的知覺經驗都是虛假的？這些問題乍聽之下很荒謬，大部分的人大概都不會質疑這些事。但事實上，這些質疑並不是完全沒有道理。上述這些提問都跟本章要介紹的哲學主題有關：懷疑論 (skepticism)。

　　想像以下的情況。你的大腦被放在桶狀的維持裝置中，上頭連接管線，管線接通到一臺超級電腦。這臺電腦可以模擬各式各樣的神經訊號，讓你產生各種感官經驗。於是，你以為你看見美麗的花朵、品嚐美味的食物、撫摸可愛的狗、聞到花香、聆聽悅耳的音樂，但其實你沒有，你所有一切的感官經驗都是虛假的，都不是由真實感知到的事物引致。換句話說，你以為經驗到的外在世界根本不存在，包括你自己的身體。你其實只是一個桶中腦 (brain in a vat)，但你自己不知道。

　　這個乍聽之下很荒唐的情況有可能發生嗎？如果你認為不可能，可以看看 1999 年非常轟動的一部科幻電影：《駭客任務》(The Matrix)。電影中，知名演員基努・李維飾演一名電腦工程師，過著一般人的生活。直到有一天，一名神祕人物找上他，向他揭露了驚人的事實：主角所經驗到的世界都

是虛幻的。不只如此，人類其實全被禁錮在維持裝置中，腦部接上線路連通到電腦，一輩子都在體驗電腦模擬出來的感官經驗。男主角所信以為真的外在世界根本不存在，他迄今為止的人生宛若一場大夢。

事實上，在《駭客任務》上映的同年，另一部改編自科幻小說的電影《異次元駭客》(*The Thirteenth Floor*) 也處理了同樣的題材。在這部電影中，男主角是一名科學家，他與兩名同伴合作研發出了虛擬世界的科技，他們在電腦晶片上虛擬出 1937 年的洛杉磯；更絕的是，只要進入他們所設計的機器，便能體驗這個虛擬世界，體驗者所感知到的一切也都是電腦模擬的神經訊號，原理與《駭客任務》中描述的狀況十分相似。

如果你在觀賞這些電影時十分投入，可能就說明了桶中腦的想像並非荒誕不經，也就是說，你的確認同這樣的狀況理論上有可能發生。如果我們承認這種可能性，亦即接受我們有可能是桶中腦，如此一來等於是承認了我們無法確實知道任何關於外在世界的知識 （例如我知道 「眼前有一顆蘋果」），就如同《駭客任務》中的主角在與電腦斷接前對於真實世界一無所知。這種懷疑態度在哲學上稱為外在世界懷疑論 (external-world skepticism)，常被簡稱為懷疑論。

類似桶中腦的思想實驗可追溯回法國哲學家笛卡兒 (René Descartes)。笛卡兒曾經提過兩個著名的懷疑論論證，來質疑我們是否能夠獲得任何確定的知識。第一個論證可稱為「夢論證」。考慮作夢的情境。除非是清醒夢（知道自己正

在作夢的夢），否則我們不會知道自己正在作夢。一般作夢的情況下，我們會以為自己正在經驗的一切都是真實發生的。既然如此，我們如何確定自己從夢中醒過來之後，其實並沒有真正醒過來？既然夢境的真實感讓我們無法分清現實與虛幻，即使我們認為此刻自己沒有在作夢，我們也無法百分百確定此刻我們不是在夢中。如果是這樣的話，我們根本不能確定自己真的擁有對外在世界的知識。

在很多虛構作品裡面常會出現類似夢論證的橋段。故事敘述主角歷經冒險之後，結尾突然情節一轉，主角醒了過來，原來前面發生的事都是在作夢，都不是真的，但在夢醒之前主角絲毫沒有察覺。如果這樣的故事是合理的，那說明了夢論證所抱持的懷疑態度並非全無道理。

笛卡兒的第二個懷疑論論證一般被稱為「惡魔論證」。他要我們想像有一個法力強大的惡魔，能夠製造各種幻覺來欺騙我們；我們所有的感官經驗都是他製造出來的，包括讓我們以為自己有身體。如果我們接受這樣的惡魔是有可能存在的，我們一樣不能說自己擁有確定的知識，因為我們可能正被惡魔所欺騙。這個論證的理路與夢論證是相同的。至此我們也能發現，《駭客任務》或《異次元駭客》的桶中腦設計其實就是笛卡兒懷疑論論證的現代版本。不過要澄清的是，笛卡兒提出懷疑論，並不是要說這種想法是正確的。他相信人可以獲得確切可靠的知識。為了說明這點，他必須先證明懷疑論是錯的。

懷疑論的想法，事實上在中國哲學中也可以找到。我們

所熟悉的莊周夢蝶，一般被認為是表達了懷疑論的思想。莊子夢見自己變成蝴蝶，怡然自得地飛來飛去；當他醒來之後，才發現原來是一場夢。但方才真實的感受，不免讓他懷疑，既然在夢中無法分辨虛實，會不會此刻自己才是在夢境中呢？那麼，到底是莊子夢見了蝴蝶，還是蝴蝶夢見了莊子？

　　懷疑論的思想產生了一些延伸的哲學議題。讓我們回到桶中腦。如果你在虛擬現實中談了一場戀愛，這樣的戀愛經驗是有價值的嗎？在真正的世界中，我們通常會認為這樣的經驗是可貴的、有價值的。但如果是虛假的經驗，我們還會堅持同樣的判斷嗎？先前提到的電影《異次元駭客》有一段發人深省的對白，在虛擬的城市中，一名角色對另一名角色說：「你怎麼可能愛上我？我根本不是真的。你不能愛上一場夢。」這段話告訴我們，在虛擬現實中，無論我們擁有多麼深刻或精采的體驗，不免還是要問，這些體驗是否真的有價值呢？

　　有些人可能會懷疑，懷疑論的哲學議題是否真的有討論上的價值。除了滿足純粹的哲學思辨，思索懷疑論對人生有什麼幫助？事實上，如果我們無法反駁懷疑論，亦即，沒有好的理由去說明懷疑論是有問題的，那麼我們便必須接受自己活在一個不確定性之中。我們的過去可能是假的，未來也無法確定是真的，在這樣的處境裡面，因為缺乏確定性，所有對過往的眷戀以及對未來的憧憬都變得沒有太大意義。如果我有可能是桶中腦，我為什麼還要這麼努力地在這個不知是真是假的世界中活著呢？我的一切努力與寄託都失去了基

礎。只要懷疑論存在，我們便難以擁有踏實的人生。因此，認為懷疑論是「想太多」的人恐怕是想太少。

那麼，我們究竟該如何反駁懷疑論呢？前面有提到笛卡兒是為了駁倒懷疑論才提出懷疑論，因為他的最終目的是希望證明人可以擁有可靠的知識。簡單說來，笛卡兒認為，不管是夢論證還是惡魔論證都預設了一件事：一定存在一個被欺騙的對象，亦即產生幻覺的主體，這個主體的存在是不容置疑的，否則這些論證便沒有意義。笛卡兒的名言「我思，故我在」便是這個意思。無論懷疑論的論證多麼強大，我們至少可以確定人是會思考的主體並且有思想內容，下一步便是證明這些思想內容確實反映了外在世界。笛卡兒如何證明這點呢？他認為是上帝使這件事成為可能。不過如此一來，笛卡兒便必須證明上帝存在。笛卡兒的確另外提出了上帝存在的論證，但這也使得他對懷疑論的反駁立基在上帝的存在上。一旦後者被反駁，前者也就失去了基礎。

對於桶中腦這類懷疑論最著名的反駁來自美國哲學家帕特南 (Hilary Putnam)。帕特南認為，桶中腦不可能思考自己是桶中腦。這是因為，桶中腦所使用的語言並無法指涉到外在世界，而是指涉到電腦指令。例如，對桶中腦而言，當他說出「桶」或「腦」這些字的時候，這些字根本不是指涉到真正的桶或腦，因為他所經驗的「桶」或「腦」都只是電腦製造出來的訊號。如此一來，說桶中腦可以思考自己是桶中腦就毫無意義。這裡的關鍵在於，語言的指涉必須要有因果聯結，如果一名幼童的塗鴉恰巧看起來像是某個物理學公式，

我們不會說這名幼童寫出該公式，這樣的指涉是不成立的。

也許對一般人來說，我們不需要動用到帕特南這麼困難的論證來反駁懷疑論。我們只需要說懷疑論者的懷疑不是合理的懷疑 (reasonable doubt)。懷疑永遠都是可能的，但並不是所有的懷疑都是合理的。懷疑論者所設想的桶中腦情境是可能的，但這種懷疑並不合理。我可以懷疑我在精神特別不佳的時候產生幻覺，但如果我懷疑自己在任何時候都沒有真正看見東西，這種懷疑就太超過了。我們可以主張自己知道很多事情——我們有身體、每天使用電腦、有家庭與朋友、吃三餐、正在讀眼前這篇關於懷疑論的文章以及許許多多發生在這個世界上的事。我們不需要排除所有對於這些事情的懷疑來主張自己確實知道這些事。排除不合理的懷疑便已足夠。

快樂是人生中最重要的事嗎？

　　人生的意義是什麼呢？我想許多人在生命中某個階段都會問自己這個問題。據說很多學生選擇就讀哲學系，就是想知道這個問題的答案。歷來哲學家對此提出了不少看法，其中一種讓多數人得到共鳴的說法，就是人生的意義在於追求幸福。不過，幸福又是什麼呢？

　　我們常會說：「祝你幸福快樂。」大概沒有人希望自己過得不快樂，因此把幸福定義成快樂，似乎是個十分合理的說法。但什麼又是快樂？快樂是種內在的愉悅感，簡單說就是心裡感到舒服。仔細思量，我們在人生中的許多抉擇，所依循的準則大概都是「是否能為自己帶來快樂」，畢竟應該沒有人想一直活在痛苦之中。在哲學中，有一種人生觀叫做「享樂主義」(hedonism)，主張人生的意義在於追求快樂：擁有快樂就是擁有幸福，擁有幸福就是擁有美好的人生。

　　有人可能會覺得享樂主義聽起來像是縱慾主義，也就是盡情做自己想做的事情來滿足慾望。這是一般人對「享樂」的理解，可稱為庶民版本的享樂主義。哲學家在談的享樂主義其實是更審慎的版本。這種版本主張，以整個人生的跨度來說，我們應該追求最大值的快樂。換句話說，我們應該過一個總體而言快樂多過於痛苦的人生，並且快樂愈多愈好。我們人生中的每個抉擇都應該以此為依歸。如果短暫的痛苦能夠帶來長久的快樂，那麼我們就應該忍受短暫的痛苦；如

果短暫的快樂會帶來長久的痛苦，那麼我們就不該追求那短暫的快樂。因此這種享樂主義並非膚淺的縱慾，而是審慎的評估與計算。

這種審慎版本的享樂主義一度十分有影響力。的確，追求快樂聽起來很合理，也符合人性，更別提追求一個擁有最大值快樂的人生，乍聽之下更是美好。不過，真的是這樣嗎？美國哲學家諾齊克 (Robert Nozick) 認為享樂主義並不是一個正確的立場，他提出了一個思想實驗來證明這件事，這個思想實驗後來成為哲學中一個十分經典的論證。

諾齊克要我們想像以下的狀況：在未來世界中，虛擬現實的機器被發明出來，只要進到機器中，腦部接上管線，科學家便可以透過電腦模擬神經訊號，讓人產生各式各樣的感官經驗，完全分辨不出虛實（其實就類似前一章所提過的桶中腦的裝置）。這種機器被娛樂產業拿來運用，開始有公司用美好人生作為廣告，推出「經驗機器」(experience machine) 的消費方案。經驗機器能夠製造出任何你所想要擁有的感官經驗，例如攀登聖母峰、舉辦鋼琴獨奏會、探索外太空甚至拯救全世界。你能自行決定要在機器中待多久，一天、兩個禮拜甚至一輩子都可以。重點是當你使用機器時，你不會知道自己正在體驗幻覺。

你可以在使用機器前輸入自行打造的美好人生的劇本。如果懶得自己寫，公司還提供各式各樣已經寫好的人生劇本供消費者挑選，每一個劇本都能帶給你最極致的快樂經驗。諾齊克問我們，如果有這樣子的機器，你願意進到機器，一

輩子體驗虛擬現實，直到老死在機器中嗎？

　　如果你是一名享樂主義者，答案顯然是肯定的。因為以長遠的人生來說，經驗機器能帶給你最大值的快樂；選擇進入經驗機器度過一生，符合享樂主義的核心主張。就算你在過程中更換了劇本，有短暫的時間從經驗機器中脫離，從而發現自己只是在做一場「美夢」，那一小段時間的沮喪也無損於你最終能獲得極致快樂的事實。一、兩個小時的痛苦怎能跟七、八十年的快樂相比呢？

　　然而，諾齊克認為有三個理由足以說服我們不進入經驗機器。如果我們接受這些理由，就證明了人生中有比快樂更重要的事情。如此一來，享樂主義便是錯的。

　　首先，我們真正要的並不是關於某件事的快樂經驗，而是我們真正做了那件事。如果我希望可以舉辦鋼琴獨奏會，獲得聽眾的掌聲，我內心中真正想要的並不是獲得掌聲的經驗，而是我真的獲得了掌聲。人們是先擁有想要做某事的慾望，才進而想要有相關的經驗。因此真正重要的是實際上我們真的做了那件事。如果我只是擁有獲得掌聲的虛擬經驗，我並不算是真正擁有了掌聲。

　　第二，理想上我們都會對自己成為什麼樣的人有期待。例如，我們會希望自己成為勇敢的人或是成熟的人，或是有益於社會國家的人。成為什麼樣的人，取決於我們做了什麼樣的事。但是一個一輩子都在經驗機器中度過的人，我們無法描述他是什麼樣的人，因為他什麼事都沒有做，就只是躺在機器中。我們能接受自己成為這樣的人嗎？恐怕不能。我

們真正在意的，不僅僅是自己的時間如何被消磨，更重要的是我們做了什麼事來成就自己。

最後，也是最重要的一點，經驗機器無法讓我們接觸到真實的世界。一個設計好的世界比不上真實世界的複雜與深刻。人性生來對「真」有所執著，在真與假之間，我們會選擇前者。

諾齊克做了一個很有意思的類比。就拿毒品來說，許多毒品能夠影響意識進而製造幻覺。這樣的毒品能夠讓我們進到一個虛幻的世界體驗快樂。對於不願意受到毒品控制的人來說，這種毒品就如同經驗機器。但對那些吸毒者而言，毒品所製造的世界才是他們追求的現實。那些對經驗機器成癮的人，其實跟染上毒癮沒有什麼兩樣。

總括來說，經驗機器最讓人無法接受的地方，是機器替我們過完人生，而不是我們自己。人真正希冀的是活在現實，但經驗機器無法滿足這點。

諾齊克的經驗機器論證給了享樂主義沉重的一擊。很多人認同這個論證證明了人生中有比快樂更重要的事，而這件事是我們十分在意的，也就是活在現實。這大概可以解釋為什麼在很多類似的科幻作品中，主角最後都選擇要回到真實世界，不論真實世界多麼不堪（例如在《駭客任務》的真實世界中人類被電腦給奴役，但主角仍選擇回到現實對抗電腦）。

你被諾齊克說服了嗎？雖然許多人認為諾齊克成功駁倒了享樂主義，但也有些人認為經驗機器論證並不成功。讓我

們考慮另一個反對諾齊克的思想實驗。這個思想實驗由杜克大學的教授布雷加 (Felipe De Brigard) 所提出，我稍做修改呈現如下。

假設你的人生很順遂，家庭和樂，事業平步青雲，身體也十分健康，幾乎沒有任何挫折與不快。有一天上班途中，一名黑衣人突然攔下你，向你揭露一項驚人的事實。這件事就是，你活在虛擬現實中，你從以前到現在的快樂人生都是經驗機器虛擬出來的；你已經在經驗機器中躺了數十年。現在操控機器的人透過入侵程式，以黑衣人的形式來告訴你這件事並且提供你兩個選項：離開機器或是繼續留下。請問，你會選擇何者？

也許不少人會選擇繼續留在機器中。畢竟，你對現實世界一無所知，萬一現實世界是一場災難怎麼辦？你也對現實中的自己一無所知，萬一你是因為半身不遂才進入經驗機器度過餘生呢？萬一你在現實世界中一無所有呢？你在經驗機器中過得好好的，擁有大好人生，為什麼要選擇回到一個自己一點都不了解的世界？就算黑衣人告訴你現實世界的狀況，大多數的人真的會選擇脫離經驗機器嗎？我們想不想回到現實，會不會取決於現實世界中的我們過得快不快樂？這個思想實驗跟諾齊克的版本不同的地方在於，諾齊克問的是，如果有經驗機器，你願不願意進入；這個版本問的是，如果你發現自己在經驗機器中，你願不願意離開。倘若你在這個思想實驗中做出的抉擇與諾齊克的版本不同，那麼這便說明了影響你決策的恐怕不是有沒有活在現實中，而是你是否害怕

自己的現狀會被改變。

這其實是一種認知偏見，在經濟學與心理學中，這種現象稱為現狀偏見 (status quo bias)。人們傾向維持現狀，把現狀當成基準點，任何對現狀的改變都可能被視為是損失。經驗機器的案例，很可能就是現狀偏見的展現。在對現實世界未知的情況下，人們寧可不改變現狀──也就是留在經驗機器。如此一來，諾齊克似乎沒有真正證明人生中有比快樂更重要的事。

有人也許會覺得這些都是哲學家腦袋中的思想實驗而已，沒有實際證據說明大多數人會怎麼做，因此只是哲學家各說各話。與諾齊克不同的是，布雷加把他的思想實驗化成問卷做了實際的調查統計，結果顯示大多數人選擇維持現狀。當然，這些數據是否有決定性的說服力也是一個值得思考的問題。無論如何，這些思想成果都促使我們去思考什麼才是人生中最重要的事。

總覺得別人講話「沒邏輯」? 五種常見的謬誤　教你判斷誰說的才有理

我們常說有人講話不合邏輯,但邏輯是什麼?簡單說,邏輯是推理的規則。違反推理的規則就是不合邏輯。邏輯學本身是一門非常專業的學問,屬於哲學與數學的範疇。本章不進入技術性的細節,而是談談一般生活中簡單的邏輯推論。對於數理邏輯有興趣者可自行到市面上購買哲學系邏輯課所使用的課本。

我們在本書第一部分關於批判思考的章節介紹了一些邏輯的基本概念,包括如何評價論證;我們也特別介紹了人們在思考時常犯的謬誤。本章將延續謬誤的議題,繼續介紹幾個常見的謬誤。這些謬誤之所以為謬誤,都是因為訴諸某個與結論不相干的事物來作為理由。

第一個要談的謬誤是訴諸人身 (appeal to the person)。這種謬誤常以人身攻擊的方式呈現。例如,考慮以下對話:

甲:Y 市長說的話都是假的,下次不要選他。
乙:怎麼說?
甲:他長得像黃鼠狼,怎麼可能是誠實的人啦!

在這則對話裡面,甲認為 Y 市長只會說謊,不是好的官

員，而他的理由是 Y 長得像黃鼠狼。甲的確提出了一個論證，但這個論證是個壞論證。一個人的臉長什麼樣子跟他說的話有關係嗎？要判斷他說的話是不是真的、有沒有道理，應該針對話本身的內容來判斷。即使 Y 長得真的像黃鼠狼，這也不能推出「Y 一定滿口謊言」。甲在這邊所提到的理由，事實上與他的結論不相干；既然不相干，也就無法支持他的結論。

有些人可能會認為相由心生，一個人的心性會體現於外在，只要看一眼就可以知道這個人品行怎麼樣。這話的確沒錯，不過這句成語可能也沒有要極端地宣稱世界上所有人都是相由心生，如果是這樣的話，那只要有一個例外就不成立了。電影中不是常有一種情節是，本來看起來像好人的人其實是壞人，本來看起來像壞人的人其實是好人？如果我們認同現實中的確有這種狀況，我們就不應該把「相由心生」看成是在陳述一個普遍的狀況。更別提，即使這句話只應驗在某些人，我們也是會有判斷錯誤的時候。因此，我們應該避免用批評一個人外貌的方式去拒絕對方所說的話。

除了訴諸人身之外，我們也常常會訴諸情感 (appeal to emotion)。所謂訴諸情感的謬誤，指的是把情感當成理由來支持自己的論點。這在選舉的時候特別常見。例如，很多競選標語都會訴諸情感，把候選人神化，讓選民產生崇拜或欣賞之情；或是講一些好聽的話，讓選民感到溫暖窩心，因而投對方一票。在這樣的狀況中，接收訊息的人其實很容易因為情感被打動而被說服。但仔細想想，候選人一句打動我們

的標語，難道就代表他一定會做事、一定是好的政治人物嗎？
我們該考慮的是他具體的政見才對。競選標語對選民訴諸情
感，但這樣的情感跟候選人是否適任可說是毫不相干。

　　很多時候，在野黨為了攻擊執政黨，常常會使用訴諸情
感的方式來煽動大眾，這時要是腦袋不夠靈光，很容易就會
掉入陷阱。例如，在野黨所操控的媒體可能會訪問某些老百
姓，讓他們在鏡頭前哭訴說執政黨的某項政策讓他們陷入慘
況，有可能是財政改革，有可能是都更，有可能是別的。這
類新聞往往刻意撩起觀眾的同情與憤慨，進而認同受訪者並
反對被譴責的政黨。問題是，眼淚能夠證明某地段不該都更
嗎？政策對不對，應該回到政策本身去檢討。情感本身在邏
輯上並沒有任何效力。

　　讓我們再考慮一個日常生活的例子：

　　學生：教授，拜託你這堂課不要當我，求求你！
　　教授：可是你的分數不及格，你有什麼好的理由可以讓我不要
　　　　　當你呢？
　　學生：我爸會對我發飆，他生氣起來很恐怖，我日子會很難
　　　　　過……

　　在這個例子中，學生對教授訴諸情感，作為不要當人的
理由。問題是，這並不是一個好的理由。學生能不能拿到學
分，應該是取決於有沒有滿足課程的要求；博取授課教師的
同情來換取分數，只能說是不正當的手段，而非邏輯上適恰

的理由。

除了訴諸人身與情感 ， 人們也常常訴諸群眾 (appeal to popularity)，這稱為訴諸群眾的謬誤。考慮底下的例子：

> 甲：這次投票我們應該投給二號候選人。
>
> 乙：為什麼？
>
> 甲：我身邊的人全部都要投給他，他這次民調很高，可見他是恰當的人選。

在這個例子中，甲投給二號候選人的理由是因為大部分的人都要投給他。但票要投給誰不是應該考慮該候選人是否真的適任嗎？如果只是一味地跟風，那這樣跟盲從有什麼差別呢？大眾的意見不一定是對的。希特勒的追隨者都認為希特勒屠殺猶太人的行為是對的，但這樣的屠殺行為會因為大眾認為它是對的就因此變成是對的嗎？

訴諸群眾的謬誤也常出現在作品的消費上。我們常會根據暢銷程度來判斷作品的好壞，但這顯然是不正確的。有很多作品高居暢銷榜，代表很多人閱讀，卻不見得是好作品。電影也一樣，往往真正有藝術價值的電影都不是最賣座的電影，因此若僅僅以大部分人的喜好來斷定某部片的價值，這樣的理由是不充分的。一部作品好不好，要考量作品本身的內容具體呈現了什麼，而不是多數人說好就是好。

跟訴諸群眾相對應的是訴諸傳統 (appeal to tradition)。人們常會以傳統為理由來支持或否定某件事。例如，從前的社

會是男主外、女主內，很多長輩可能就會據此來認定媳婦應該要在家做家事，服侍男人，而不是出去工作。但從前是這樣，代表現在甚至未來就一定要這樣嗎？又如以前的社會認為離婚是一種罪，守寡是一種貞節，但我們現在會認為這樣的規範並不人道。也就是說，傳統不一定是對的，改變不一定是錯的。一件事情的對錯，不能只是因為有沒有延續或違背傳統，應該要有其他理由來支持；因為傳統，就如同大眾，有可能是錯的。纏足或蓄奴也曾經是傳統，但現在已經沒有人認為這些行為是對的了。甚至近幾年常被討論的廟會議題也與訴諸傳統有關。很多人認為廟會文化是傳統，應該無條件地維護與保存，但這同樣犯了訴諸傳統的謬誤。如果我們都認為環保很重要，民俗文化中會導致環境汙染的部分（包括噪音、空氣）就應該受到修正。訴諸傳統的謬誤並不是說傳統一定是錯的，而是說你不能僅僅只援引傳統來當作理由。

最後，有一種非常有趣的謬誤叫做訴諸無知 (appeal to ignorance)。這裡的無知並不是愚笨的意思，而是指沒有證據證明某件事。訴諸無知的謬誤，簡單說，就是認為缺乏證據這件事本身有證明力。例如，有些人主張鬼存在，理由是我們始終無法找到證據證明鬼不存在。但這裡的邏輯推論是有問題的：我們沒有證據證明哈比人不存在，難道哈比人就一定存在？這個謬誤也可以反過來說，亦即，有些人主張鬼不存在，理由是我們始終無法找到證據證明鬼存在。但是，我們沒有證據證明上帝存在，上帝就一定不存在嗎？如果訴諸無知有證明力，那麼我們可以證明無數奇奇怪怪的事：我們

無法證明彩虹小馬不存在，所以彩虹小馬一定存在；我們無法證明冥王星上有外星人的玩具，所以冥王星上一定沒有外星人的玩具；我們無法證明李白在寫〈靜夜思〉時有打呵欠，所以他寫該詩時一定沒有打呵欠。

　　訴諸無知的謬誤涉及一個很重要的概念：舉證責任（burden of proof）。犯了訴諸無知的人基本上就是把舉證責任推給對方。當你的朋友說鬼存在，因為你無法證明它不存在時，他無形中把證明的責任推給你。他等於是要你證明他是錯的。但這是很奇怪的一件事，提出主張的人應該要由自己來證明該主張才對。

　　不過，有一種狀況看起來很像訴諸無知的謬誤，但其實並不是，我們必須小心地加以區隔。如果我們做過非常徹底的搜索與研究，仍然無法找到某事物存在的證據，那麼我們就有很好的理由來斷定該事物很可能不存在。例如，如果經過仔細的搜索，沒有發現火星上有外星生命的跡象，那麼火星上就很可能沒有外星人。像這樣子的歸納論證，在科學中很常使用，並不算是訴諸無知的謬誤。

　　以上這些謬誤都涉及了與結論不相干的前提；換句話說，這類前提並無法真正支持結論。訴諸這樣的前提會讓論證變成謬誤，因此在思辨時應該避免。

5 是誰偷喝了我的牛奶？用科學方法當偵探

　　美國國家科學基金會 (National Science Foundation) 在 2002 年的時候做過一個調查，結果顯示美國人的科學素養差強人意，有 70% 的人不了解什麼是科學方法 (scientific method)，只有一半的人可以回答一些基本的科學問題，有一半的人不知道地球公轉周期是多久，有超過一半的人以為早期人類與恐龍生活在同一年代。此外，有 60% 的人相信超能力存在，也有 40% 的人相信占星術。

　　如果科學不重要，大概也不會有這種調查。在臺灣的國高中教育裡面，與科學相關的教育課程佔了很大一部分，例如數學、物理、化學、生物、地科以及地理的部分內容。但科學為什麼重要呢？有人會說，科學是人類獲取知識唯一可靠的方式。這種說法稱為科學主義 (scientism)。

　　科學主義的看法正確嗎？似乎不盡然。感官經驗也是我們獲取知識的可靠方式，我們透過感官認識這個世界的許多事物。當然很多時候感官會欺騙我們，但在大多數的情況下，感官是可靠的。如果不可靠的話，我們大概無法存活到今天。若你完全不相信你的眼睛，你應該早就出車禍了。

　　退一步說，我們至少可以宣稱科學是獲取知識的一種可靠方式，而非唯一。那麼科學知識為什麼可靠呢？主要是因為科學萃取知識的方式十分嚴格且有系統。這也是為什麼一些哲學家認為科學是人類獲取知識的途徑中最為可靠的。

　　科學獲取知識的這套方法就稱為科學方法，基本上可概括為五個步驟：

　　一、發現問題
　　二、提出假設
　　三、推導出假設會帶來的後果
　　四、驗證
　　五、接受或捨棄假設

　　先從第一步來看。科學探究通常始於某個待解釋的現象並提出問題。例如，抽菸是否會導致肺癌，或是智力是否來自遺傳等等。在這個階段，科學家發現問題。確立問題後，就進到第二個階段，也就是提出假設。

　　在第二個階段，科學家針對一開始提出的問題給出一個可能的答案。因為這個說法尚未得到驗證，所以只是一個假設。這個假設會決定研究的方向以及哪些資料是相關的。例如，如果我們認為一個人會不會犯罪完全是生理上的原因而非後天環境的影響，那麼我們就必須去研究犯罪者的生理結構，找出共通點。在這個階段，科學家不能只考慮他們所中意的那個假設，也必須考慮其他同樣能解釋問題的假設。因為我們並不能排除一種可能性，就是科學家所屬意的那個假設其實是錯的，而其他假設才是正解。考慮互相競爭的理論因此變得很重要。

　　在第三個階段，科學家必須導出假設會帶來的後果（consequence），也就是假設會蘊含（imply）什麼。當我們說 H

蘊含 C，意思就是說如果 H 成立的話，C 一定會成立；換句話說，C 是 H 的後果。為什麼導出假設的後果或蘊含 (implication) 在這個階段是重要的呢?因為很多時候我們無法直接驗證假設，但卻可以驗證假設的後果。如果假設 H 蘊含後果 C，而目前現有技術無法讓我們直接驗證 H，我們可以改成驗證 C。從邏輯上來看，如果 C 不成立，H 自然也不會成立。

我們可以用一個生活化的例子來說明。假設中午剛下完大雨，你在傍晚走到下雨前停在泥土地上的車子，發現忘了關車門（你最近很健忘），而且忘在車裡的一塊麵包不見蹤影，你開始思索可能的原因。這時你腦中浮現一個假設：有人偷吃了你的麵包。順著這個思路下去思考，如果有人偷吃了車裡的東西，那麼應該會產生什麼結果？顯然犯人可能犯案的時間只有中午到傍晚這段時間，因為午前都在下雨，腳印會被沖刷掉。從這些背景狀況來看，犯人會在車子周遭留下腳印。也就是說，在你的思路中，你接受下列前提：「如果車上的麵包是被人偷吃的，那麼車子周邊的地上會有腳印。」

推理小說迷也許會說，犯人可以使用不會留下腳印的詭計，但這表示在這個例子裡被質疑的是「假設 H 蘊含後果 C」這個前提是否成立。但在這裡的討論我們檢視的是如果該前提確實成立，那後果 C 的成立與否如何影響到假設 H。如此一來，你要做的便是去觀察車子周遭的泥地上到底有沒有腳印，如果沒有的話，那麼一開始的假設就不對。在這個例子中，你很難直接去證明東西是被人偷吃的，你能做的就是思索如果麵包真的是被人偷吃的，那會產生什麼後果，而

這個後果是你可以檢驗的。

假設我們沒有在泥地上發現腳印，那麼前述的泥地論證便可以重新整理如下：「如果車上的麵包是被人偷吃的，那麼車子周邊的地上會有腳印；車子周邊的地上沒有腳印；因此車上的麵包不是被人偷吃的。」這個推論形式在邏輯上稱為「否定後件」（denying the consequent，又稱 *modus tollens*）。在邏輯的術語中，「若 p 則 q」 這樣的語句稱為條件句（conditional）， p 稱 為 前 件 (antecedent)， q 稱 為 後 件 (consequent)。否定後件論證的邏輯形式如下：

前提一：若 p 則 q
前提二：非 q
結　論：非 p

在泥地事件的例子中，藉由對後件的否定（也就是否定從偷吃麵包這個假設所導出的後果），也否定了一開始的假設（麵包是被人偷吃的）。否定後件的論證顯然是有效論證，因為不可能前提真結論假。

這裡的啟示很明顯，否定後件的論證告訴我們，如果我們所導出的假設之後果經過檢證後證明為假，那麼一開始的假設一定是錯的。然而，在邏輯上雖然是如此，在實務上，科學家為了拯救自己原初的假設，常會引入所謂的特置假設 (ad hoc hypothesis)。例如，哥白尼提出的地動說主張地球一邊自轉一邊繞太陽公轉。但當時反對地動說的人指出，地動說無法解釋為何從高塔丟下石頭時，石頭是直線落下而非落

在地球轉動的反方向，亦即西方。換句話說，地動說的後果
被推翻了，因此按照先前的邏輯，地動說應該被拋棄。但面
對反例，哥白尼沒有拋棄地動說，而是引入另一個假設：地
球轉動時會帶動空氣，因此石頭被空氣帶動而沒有落在西邊。
這樣的假設就稱為特置假設。後來同樣支持地動說的伽利略
也用了另一個特置假設來反駁自由落體的例子，伽利略認為
落下的石頭沒有改變位置是因為物體在地球自轉時所獲得的
慣性所致。

　　反過來看，如果假設的後果被驗證了，這代表假設一定
正確嗎？讓我們再回到泥地腳印的例子。我們接受，如果車
上的麵包是被人偷吃的，那麼車子周邊的地上會有腳印。但
如果泥地上真的有腳印，這可以推出一定是有人偷吃了車上
的麵包嗎？當然不一定，也許那只是路人的腳印，而麵包是
以其他方式消失的。這樣的推論是無效論證，因為我們可以
想出反例。這個無效論證是所謂「肯定後件」(affirming the
consequent) 的謬誤，邏輯形式如下：

　　前提一：若 p 則 q
　　前提二：q
　　結　論：p

　　雖然肯定後件是無效論證，這不代表它在科學方法中一
無是處。事實上，我們往往可以從一個假設導出多個後果。
以泥地腳印的例子而言，「有人偷吃車上麵包」的假設除了

「泥地上會有腳印」這樣的後果之外，可能還包括「車上有陌生人的指紋」、「車子有弄髒的痕跡」等等。如果這些在驗證後都成立，假設為真的可能性就愈高。驗證假設的後果就是科學方法的第四步驟所必須執行的事。如前所述，在理想的狀況中，其他同樣可以解答問題的理論也要被考慮，而不只是驗證科學家自己所屬意的假設之後果。最後，依據檢證的結果，我們可以知道究竟要接受還是放棄原初的假設，這也就是科學方法的最後一個步驟。

科學方法的應用範圍不會只侷限在科學。如泥地足跡的例子所示，它也可以用在調查事件。當我們發現冰箱裡的蛋糕被偷吃了而沒有人願意承認時，我們也能運用科學方法來找到答案。在推理小說中，偵探就是運用了科學方法來破案。當一件謀殺案發生時，偵探問：「是誰幹的？」接下來偵探提出各種假設並設想這些假設帶來的結果。例如，在一件太陽穴中槍死亡的案件中，假設死者是自殺，這會帶來什麼結果？如果死者是自殺的話，手上會有硝煙反應，這是因為子彈擊發時會有火藥微粒噴出附著在皮膚或衣物上；此外，如果死者是自殺的話，槍枝會握在屍體手中或遺落在一旁，因為瞄準太陽穴自殺的人不可能在中槍後把槍枝從現場處理掉。接下來便是驗證假設的後果，最後決定要接受或拒絕假設。偵探與科學家其實是十分類似的。

總結來說，科學方法是解決問題的一種方式，而這個問題不一定要是嚴格意義的科學問題。在日常生活中，如果我們多加運用科學方法來思考，想必會更可靠也更細膩。

你怎麼連話都説不清楚——語言哲學的奧祕

語言是人類生活很重要的一部分，也是人類進行溝通主要的方式。本章把焦點轉向語言，要來談談語言的魔力與奧祕。其實光是說話就可以做很多事情，你相信嗎？我們常說做事要身體力行，不能光說不練，其實這不盡然正確，現在我們就來看看如何靠說話做事。

如果用比較書面一點的語言來描述做事，大概可以用「行動」這個詞，行動的英文是 act 或 action。在舊有的翻譯中，act 常被翻譯成「行為」，但如此一來便無法與另一個單字——behavior——做出區分。方便起見，讓我們一律把 act 或 action 翻譯成「行動」，把 behavior 翻譯成「行為」。

哲學家普遍認為，行動必定帶有意圖 (intention)。這是什麼意思呢？如果我因為寒冷而不自覺打了個冷顫，大概不會有人說「打冷顫」是我的一個行動，這聽起來有點奇怪。但如果我因為覺得冷而伸手拿了外套穿上，「拿外套穿」的確就可以算是我的一個行動。這兩件事差別在哪裡呢？在打冷顫的例子中，打冷顫這件事並不是源於我心中的任何念頭，它是身體的自發性反應。但在拿外套的例子，我的心中先有某個想法，接著我再將這個想法實現，因此這整個事件背後是有意圖的。精確地說，行動這個詞是用來刻畫一個人帶有意圖地做了某件事。按照這樣的看法，自發性的動作就不能稱

做行動。

　　一般我們對「行動」的印象可能是像「拿外套穿」這種涉及明顯外在行為的舉動。但事實上，語言的使用也可以是行動。當我們在使用語言的時候，我們一樣是帶有意圖地做了某些事。考慮一下「整理房間」這個句子。這個句子字面上的意思應該不用多說，只要具備基本中文能力的人應該都能理解。在正常情況下，當一個人使用「整理房間」這個句子的時候，他通常不會只是憑空吐出這個字句，而是帶有意圖要透過這個句子來與他人進行溝通。舉個例子：

　　甲：（準備整理房間時一邊跟乙閒聊）我今天下午做什麼？
　　乙：整理房間。

　　在這個對話中，乙說了「整理房間」這個句子。但乙不只是說了這個句子，事實上，他透過這個句子來斷言 (assert) 甲下午要做的事。換句話說，乙除了說出某個句子之外，也透過說出這個句子來斷言某件事。「斷言」本身其實就是利用語言完成的一個行動。讓我們再考慮另外一個情境：

　　甲：（用傷腦筋的神情說）我這週末除了寫作業之外還有什麼事該做啊？
　　乙：整理房間。

　　在這個對話中，乙透過說出「整理房間」這個句子來提

醒甲該做的事。這裡的狀況跟第一個對話不同，乙並非在斷言，而是在提醒甲要整理房間。此處因為語境的變化而導致乙在使用同樣的句子時做了不同的事，亦即提醒。但共同點在於乙透過話語來向甲傳達某些事。再看一個例子：

> 乙：（經過甲的房間時，用上揚的語氣問）整理房間？
> 甲：對，房間太亂了。

此處乙用「整理房間」這個句子來問問題，而不是用來斷言或提醒。「提問」是乙透過該語句所做的事。再看第四個例子：

> 員工：（戰戰兢兢、恭恭敬敬地來到老闆辦公室）請問今天的工作是什麼？
> 老闆：（手指著對面房間並揮手要員工過去）整理房間。

不同於先前的斷言、提醒或提問，在這個例子中，老闆用「整理房間」這個句子來命令員工。

在這四個例子中，說話者並非不由自主地吐出「整理房間」這個句子，而是帶有清楚的意識與目的來說出該句話；換句話說，是帶有意圖地說出該句話。說話者的意圖是向他人傳遞某些訊息，因此整個發言的動作是一種溝通的行動。

先前提過，在這四個例子中的溝通行動其種類各有不同，包括斷言、提醒、提問與命令。這樣的行動，因為是透過語

言來行使，稱為語言行動 (speech act)。這些行動可視為說話者透過語言的使用所做的事。在這四個例子中，雖然說話者說出的句子都是「整理房間」，但說話者卻透過同樣的句子做了不同的事。如果缺乏語境，單憑字面上的意思，我們是無法判斷「整理房間」這句話究竟是在斷言、提醒、提問還是命令。英國語言哲學家奧斯汀 (J. L. Austin) 是語言行動理論 (speech act theory) 的奠基者，他把前述這些說話者透過語言使用所做的事特稱為言外行動 (illocutionary act)。顧名思義，就是這些行動超出了言詞字面之意所能涵蓋。除了上述四個例子，在我們日常生活的語言使用裡，到處充斥著言外行動。讓我們再多看幾個例子。

　　一名學生因為期末考成績差兩分而不及格，他對教授說：「拜託再多給我兩分吧！」這名學生是在懇求教授，也就是說「懇求」是他透過該語句所行使的言外行動。當教授對一名報告表現很好的學生說「你很優秀」，他是在讚美該學生，也就是透過「你很優秀」這個語句行使了「讚美」的言外行動。如果教授對一名常常曠課的學生說：「你只剩最後一次機會！」這是在警告該名學生，也就是教授透過該語句行使了「警告」的言外行動。常見的言外行動包括告誡、侮辱、臆測、回應、抗議、暗示、抱怨、詢問……等等。在日常對話中，你可以自行觀察別人透過語言的使用還行使了哪些言外行動。

　　說到這裡，有一個問題一直沒有解釋：一個人行使了什麼樣的言外行動究竟是被什麼因素所決定？回到「整理房間」

的例子，我們之所以可以區分出斷言、提醒、提問以及命令等四種不同的言外行動，關鍵究竟在何處？一個很直覺的答案是：由語境決定。因為語境不同，所以說話者可以用同樣的語句來做不同的事。但語境是一個很模糊的概念，我們要追問的是，在語境當中，具體是什麼因素決定了說話者的言外行動。在老闆命令員工的例子中，為什麼當老闆說出「整理房間」這句話時會是在下達命令呢？我們可觀察一下在這個語境當中有哪些要素促成這個結論。首先，對話者的身分當然很重要，也就是老闆與員工的關係必須被考慮，僅僅只是這樣似乎還不夠，因為老闆與員工也有可能關係很好，是在閒聊，因此老闆也有可能只是在提醒員工該做的事，這時候我們就需要語境中的其他因素來判斷。考慮到員工戰戰兢兢的態度，還有老闆頤指氣使的態度以及手勢，我們才能得出當老闆說出「整理房間」這句話時，他是在命令員工，而非提醒、斷言或提問。

　　從上面的分析可以看出，一個人行使了什麼樣的言外行動似乎是被語境中的一些相關要素所決定。這些要素往往跟社會慣例有關，也就是人與人之間互動的習慣。例如，按照一般的社會慣例，當員工戒慎恐懼地詢問老闆今天該做的事情時，他不會是在跟老闆閒聊；當一個人用手指著房間給對話者看時，他就是在示意該房間是他們談論的對象。當這些相關因素加在一起，按照社會慣例，我們就能得出老闆是在命令員工的結論。

　　語言行動理論的適用範圍不只是口語文字，也包括書面

文字，畢竟語言的使用也包括後者。在以前社群媒體還沒有那麼發達的時候，人們還習慣用書信溝通。如果你寄了一張小卡片給你心儀的對象，卡片上告訴對方你有兩張電影票，並且你週末有空，你是在邀約對方。現在這個年代網路發達，人們直接用網路交流，用書面文字行使言外行動的機會也愈來愈多。假設某甲因為工作太忙，一直沒有時間跟女友約會甚至見面，於是他在「憂鬱的星期一」上班時偷空在臉書傳訊給女友說「我這週末一定陪你逛夜市」，他是在做承諾，也就是說他透過寫出這個句子行使了「承諾」這個言外行動。

事實上，語言行動理論還可擴展到任何形式的溝通活動，不一定要侷限在文字。假設你跟地下錢莊借錢，最後無力償還，錢莊打來的電話你也不接。幾天後錢莊派人去砸你的車，那麼砸車這個舉動其實是在警告你，再不還錢你就完了。也就是說，地下錢莊透過砸車來行使「警告」這個言外行動，這個過程並沒有涉及語言的使用。

語言行動理論讓我們了解到原來人類的溝通活動暗藏這麼多玄機。多數時候我們的話語都體現了不同的言外行動，蘊含不同的語言力道。細緻體察這些生活中的語言行動，不但是一件有趣的事情，或許也更能增加我們對於他人話語的敏感度。

人心才不難測？哲學的「猜心術」大解密

　　俗話說：「畫虎畫皮難畫骨，知人知面不知心。」也有另一句話說：「人心隔肚皮。」這些俗諺都告訴我們人心難測。換句話說，我們無法僅憑一個人的外表就知道他心裡在想什麼。有些哲學家不這麼認為，本章就來介紹這方面的說法。

　　我們先從考察自己的內心開始。我的內心世界似乎只有我自己能認識到。假設今天我牙齒痛，這代表我有痛的感覺，而這個感覺是一種心理狀態 (mental state)，因為發生在我的內心中。關於痛的心理狀態是我可以直接察知的，別人無法直接體驗到。又或者我今天心情不好，這個鬱悶的心情也只有我自己知道，就算我告訴你，你也體會不到，畢竟你不是我。一個古老的故事把這個狀況刻畫得很好：莊子與惠施的「濠梁之辯」其實就觸及了這個問題。話說兩人在濠水的橋梁上看風景，莊子看到水中的魚，便與惠施有了下述的對話：

> 莊子：魚在水中悠然自得，很快樂呢！
> 惠施：你又不是魚，怎麼知道魚很快樂呢？
> 莊子：你又不是我，怎麼知道我知不知道魚很快樂呢？
> 惠施：我不是你，所以我不知道你知不知道魚很快樂；你不是
> 　　　魚，所以你也不知道魚快不快樂，我的說法是一致的。
> 莊子：請回到一開始的問題。你問我怎麼知道魚快樂，已經預

設了我知道魚快樂才問我的，我是在橋上知道的。

讓我們先假定魚可以跟人一樣擁有快樂的心靈狀態。惠施假定了人的內心是他人不可測知的，因為心靈 (mind) 是主觀的事物，對於內心世界的一切，只有當事者自己才能知道，其他人無法直接察知。換句話說，心靈並不是一種可以公開被所有人觀察的事物。這個假定似乎非常合理，就算我們能夠像某些科幻電影所設想的那樣，侵入別人的內心，但嚴格說來，我們仍然沒有脫離自己的內心來認識別人的內心世界。這也難怪會有人心難測這種說法了。

仔細想想，我們真的沒有辦法知道別人在想什麼嗎？回到濠梁之辯的例子，為什麼莊子能夠知道魚很快樂？我個人的解讀是這樣：請注意莊子是怎麼描述魚的，他說魚悠然自得。換句話說，莊子是因為在橋上看到了魚在水中游來游去的樣子，據此判斷魚很快樂，才會說自己是在橋上看魚的時候知道的。當一個人處於快樂的心情，會表現在外在的行為，否則也不會有「手舞足蹈」這句成語。類似的狀況當然也可以發生在魚身上了。

沿著這個思路來看，我們的外在行為其實反映了內心世界。當一個人牙痛的時候，他會面容糾結、用手搗著面頰並呻吟；當一個人心情低落的時候，他的動作會變得緩慢，做什麼事都有氣無力，也不會有笑容；當一個人緊張的時候，他會很緊繃，身體也會僵硬，可能還會十指交纏。我們的行為暴露了心思。

　　哲學家把這種立場稱為行為主義 (behaviorism)。由於行為是可以公開被觀察與檢視的,心靈便不再屬於私密的領域。行為主義大概可以分為兩個層面來看。首先是語意分析的層面。行為主義可以解釋當我們使用與心靈有關的語言時,所指的到底是什麼意思。哲學家維根斯坦 (Ludwig Wittgenstein) 曾經提出一個「盒中甲蟲」的比喻。假設每個人手上都有一個盒子,每個人都只能看見自己盒子的內容物,而看不見其他人的。當每個人都說自己的盒子內有一隻甲蟲時,你怎麼能知道別人的「甲蟲」指的就是你所認為的甲蟲呢?也許別人的盒子內裝的是蝴蝶,或根本是空的。同樣地,當別人說:「我很痛!」「痛」這個心理狀態也是私有的,就像盒中的甲蟲;這個字究竟表達了什麼意義只有說出這句話的人才能知道。如果是這樣的話,任何關於心理狀態的語句便無法擁有跨人際的 (intersubjective) 意義,因為我們無法真正理解別人使用這類語言時背後的意義。

　　行為主義可以解決前述問題。按照行為主義的觀點,任何關於心理狀態的語句都可以重新用行為來表述。因此當一個人說他很憂鬱,這句話的意思是指他會展現出某些外在行為,例如腳步沉重、眉頭深鎖、有氣無力等等。由於行為是公開可被觀察的,這樣重新表述的語句能夠傳達跨人際的語言意義。談論心靈,其實就是在談論行為。

　　在文學寫作中出現過很類似行為主義的想法。曾經有一種很盛行的寫作技巧叫做「轉說為演」(show, don't tell),意思是,當小說家在刻畫故事人物時,盡量不要直接用關於心

理狀態的語句去描述角色的內心，而應該呈現相對應的外顯行為，讓角色用演的方式把他的內心演出來。例如，當作者想要表達某個故事角色很憤怒時，不應該直接說：「他很憤怒。」而應該呈現一般人在憤怒時會有的行為來表達該角色處於憤怒狀態。例如：「他嘴唇緊抿，握緊拳頭，指關節開始泛白。」當小說家大量使用心理性語句來說故事時，會發生很類似「盒中甲蟲」的狀況。作者說某角色很「快樂」，但我們對他的快樂一無所知；他的「快樂」指涉到盒子裡面我們看不見的私有領域，因此難以產生跨人際的意義。不同的讀者對於「快樂」可能會有不同的理解。當這樣的心理用詞愈來愈多時，角色的輪廓反而變得愈來愈模糊。無法適當使用轉說為演的小說家，常被視為是拙劣的作家，因為這代表他可能沒有足夠的觀察能力將心理狀態轉譯成對應的外顯行為，言下之意就是他對人心的了解不夠透徹，無法真正掌握人類行為背後反映出的心靈世界。反過來說，當一名小說家接受了轉說為演的教條時，他無形中就接受了行為主義的語意分析，也就是接受任何有意義的心理性語句都可以被行為性語句所定義。

　　不少行為主義者會進一步接受一件更驚人的事：心靈等於行為。所謂「痛」的心理狀態，其實就是外在行為，例如皺眉或呻吟。心靈不但不是一個可以獨立於外顯行為而存在的事物，它就是外顯行為本身。傳統上，法國哲學家笛卡兒 (René Descartes) 的二元論 (dualism) 主張世界上只有兩種事物存在：心靈性事物與物理性事物。這意思是說這兩種事物

都是獨立自存的個體，無法彼此化約。以人來看，所謂的二元面向就是身體與心靈。這樣的二元論觀點被英國的行為主義者萊爾 (Gilbert Ryle) 猛烈批評，他認為笛卡兒在說的心靈根本就是「機器中的鬼魂」(ghost in the machine)。機器怎麼會有魂魄呢？它是個不該存在的東西。那麼以人來說，心靈的概念也不該用笛卡兒的二元論觀點來看待，所謂的心靈其實就是外在行為。以心靈而言，沒有獨立於外在行為這些物理性事物之外的東西存在。

「機器中的鬼魂」這個形容後來在哲學中變得十分知名，甚至影響了一些流行作品。例如日本漫畫家士郎正宗的作品《攻殼機動隊》，原名就叫做 *Ghost in the Shell*。Shell 指的是軀殼，「軀殼中的鬼魂」指的就是人的心靈。在故事中，因科技的進步而發展出機器化、電子化的軀體。當一個人的肉體毀壞但意識尚存時，便可以在機器身體中繼續存活下去。這種軀體中的心靈就是軀殼中的鬼魂。此處哲學上的指涉也讓《攻殼機動隊》成為充滿哲學意涵的作品。

行為主義雖然盛極一時，但也受到不少批評。我們重新考慮一下「人心難測」這句話。當我們說「人心難測」的時候，意思可能並不是說在任何時候我們都無法知道別人在想什麼。在大部分的時候，我們的判斷依據的確是別人表現出來的行為。但在某些時候，一個人的外顯行為與他的內心會不一致。有些哲學家用「超級斯巴達人」的例子來說明。眾所皆知，斯巴達的軍事訓練十分嚴格，男孩子從小就要接受嚴格的訓練，不管受到多嚴酷的對待都不能把痛苦表現出來。

現在設想有比斯巴達人更強的超級斯巴達人，無論接受多麼嚴苛的訓練都能表現得極度淡定。他們的內心的確感受到痛苦，但絲毫沒有展現在行為上。超級斯巴達人的案例說明了行為主義的分析是有問題的。其實，即使不用超級斯巴達人的例子，一個人會隱藏自己的內心也是日常生活中常見的狀況。很多時候，人們喜怒不形於色，或是有些人笑裡藏刀。心理狀態似乎不一定會體現在外顯行為。以上這些考量都對行為主義構成了挑戰，也讓哲學家重新思考內心世界與外在行為的關聯。

一條法律，各自表述？如何詮釋法律條文

　　人們在生活中會有需要簽合約或同意書的機會，這些文件上會有許多條款，我們往往不會對內容深究太多，除非遇到糾紛，這時人們會對文件的內容有不同解讀。法律條文也有類似的狀況，對法條不同的詮釋會導致不同的判決。研究這門學問的領域就是法律詮釋學。

　　說到詮釋 (interpretation)，很多人可能會先想到藝術作品的詮釋。有很多作品我們不確定它要表達的意義 (meaning)，這時就需要詮釋。的確，一些談論法律詮釋的學者也會提到藝術詮釋，反之亦然。美國哲學家史鐵克 (Robert Stecker) 是一個很好的例子，在他 2003 年的著作《詮釋與建構》(*Interpretation and Construction*) 一書中就提及了法律詮釋與藝術詮釋的一些比較。不少人抱怨當代藝術作品不知所云，一些所謂的前衛藝術常讓人摸不著頭緒；電影、小說的例子也很多，文學系或電影系的學生想必都對期末報告非常頭痛，不知道該怎麼詮釋一些很難、很隱晦的作品。在法律的領域中，詮釋同樣是一個令人頭痛的難題。

　　讓我們來看一個例子：美國憲法第一修正案 (First Amendment to the United States Constitution)。這個修正案其實有多重詮釋的空間。原文是這樣說的：**國會不得制定有關下列事項的法律：確立一種宗教或禁止信教自由；剝奪言論**

自由或出版自由；或剝奪人民和平集會及向政府要求伸冤的權利。

所謂禁止信教的自由，似乎可以做狹義跟廣義的理解。狹義可理解成禁止政府通過任何歧視宗教的法律；廣義可理解成禁止政府強行干預宗教事務。1990 年，美國最高法院就面臨這則條文的詮釋。當時奧瑞岡州通過一項禁令，禁止使用迷幻藥物，這包括了佩奧特鹼，一種提煉自烏羽玉（一種產於美國與墨西哥的無刺仙人掌）的致幻劑，常被用於印地安人的宗教儀式。大部分的法官對憲法修正案做出了狹義的理解，認為這條法令並不是在歧視宗教的基礎上通過的，因此沒有違憲。不過，還是有少部分人認為應該要對禁止信教的自由做廣義的理解；如果是這樣的話，奧瑞岡的禁令就有干涉宗教事務之嫌，因此牴觸憲法修正案。

一般說來，法官在詮釋法律條文時，會有幾個常見的考量。首先，詮釋不能悖離文本字面上呈現出來的意義。例如，在佩奧特鹼的例子中，縱然對「禁止信教自由」的條款有詮釋上的疑義，但不論是廣狹義的詮釋都是對條文中所使用的文字所做出的合理解讀，符合我們對這些文字字面上的理解。第二，立法者的意圖也會被考慮，當該條文被制定時，制定者心裡想的是什麼？這也會影響我們如何詮釋。第三，法官會參考所謂的判例，也就是根據先前類似的案件所建立起來的原則或規範。以上這些考量在法律哲學的討論中都曾被檢討過。此處的問題恐怕是在於，我們必須搞清楚法律詮釋的目的究竟是什麼，才能知道應該訴諸什麼準則；而一個好的

理論往往會試圖涵蓋這些不同的考量。要闡述這點，我們可以比較一下藝術詮釋與法律詮釋的不同。這主要體現在兩個面向。

第一個面向是，對法官而言，法律詮釋是為了要達成決定。即使是其他相關從業人員——如律師或法律學者，這些人對法律的詮釋也不會脫離司法審判的脈絡。這個面向又可細分為三點來談。首先，法官對於法條的解釋是有權威性的，並據此決定條文的意義是什麼。愈高階的法庭這種權威性愈高。但是藝術評論的領域並沒有這種權威性，即使藝術大學的教授比起一般網紅或部落客具備更專業的藝術評論資格，我們好像也不會因此認定前者對作品的詮釋就決定了作品的意義。也就是說，在藝術評論的領域，專業評論家似乎不具有絕對的權威，即使是一般讀者也可以提出自己的看法。

第二，以藝術詮釋而言，詮釋的目的可以是追問作品「能」表達什麼意義。例如，就算我們知道某位畫家作畫的目的是要傳達反戰思想，這也不代表我們不能去探索這幅畫中其他與戰爭無關但是也說得通的解讀。這樣的探索在藝術詮釋中可以是一種合理的詮釋目的。但是在法律詮釋中，去追問法條「能」表達什麼意義不會是最終目的；我們頂多只能說，可以透過追問一則法條「能」表達什麼，來確定它究竟表達了什麼。但法官不會把「法條能表達什麼」當作詮釋的目的並因此而滿足。

接下來這點非常有趣，藝術詮釋往往容許單一作品可以被多重詮釋，但在法律的領域卻不行。對於藝術作品，我們

甚至會覺得一部作品能被多重詮釋是好事，因為這代表它有挖不完的內涵可以讓我們玩味。更有甚者，藝術作品甚至還可以容許互相衝突的詮釋。例如，你可以說日本動畫電影《螢火蟲之墓》傳達了反戰意圖，但我可以認同導演說這部電影只是單純要描繪戰時一般人民的生活（導演高畑勳曾透露這是他的創作意圖）。這兩個詮釋互有衝突，但我們似乎不會說哪個詮釋一定是錯的。但法律條文就不能用這種態度面對了。史鐵克舉了一個生動的例子來說明法律不容許多重詮釋。假設現在法院要判決某公司究竟是否需要進行賠償，法官不可能這樣對公司老闆說：「針對這則條文的其中一種詮釋是，你的公司必須對這些損壞負責；但根據另一個也說得通的詮釋，你的公司不必負責。既然這兩個詮釋都說得通，而我希望你負責，因此你應該負責。」如果你覺得這個例子有點好笑，那你應該就能明白重點在哪裡了。

　　另一個藝術詮釋與法律詮釋不同的面向在於，法律詮釋的發生會有階段性。法律詮釋的先行階段往往需要決定哪些法條與個案有關，接著才探究要被詮釋的法條的意義；但在詮釋藝術作品時，這似乎不見得會發生。我們有時候的確會先了解一些跟當前作品有關的其他作品，但這個鋪陳並非必要。許多時候我們都是直接「進入」作品。

　　在法律詮釋的第二個階段，詮釋者必須弄清楚法條的意義。除了細究法條的文字使用與歷史脈絡外，在這個步驟往往也必須了解立法者的意圖。例如，1945 年美國阿肯色州議會曾通過一個法案，其中一個條款是這麼說的：**所有之前的**

法規都特此廢止。但這可能嗎？這不就是說所有阿肯色州的法規都要廢止了？最高法院後來做了澄清。法院認為，顯然州議會想說的是：**所有之前與目前這條有衝突的法規都特此廢止**。會發生文字上的誤解，可能是因為立法者或打字員的失誤而漏寫。在這個階段，考慮文本的文字使用、立法脈絡還有立法意圖都可以協助澄清法條的語意。當然，這不代表這樣的做法能在每一個個案都移除所有模糊性。

法律詮釋的最後一個階段是將法律應用到新的狀況中。1889 年美國紐約一個著名的案件是一個很好的例子。一名叫做帕爾默 (Palmer) 的男孩得知祖父立好遺囑留下一大筆遺產給他，但因為他還沒到法定繼承年齡，遺產將先由帕爾默的母親代管。帕爾默害怕祖父死前改變遺囑內容，便毒死了祖父。當法院在審理這個案件時碰到了問題，相關的法律條文中完全沒提到為了遺產而殺人的兇手是否還能繼承遺產。顯然當初制定繼承法的人沒有想到這個狀況。法院最後的決定是，帕爾默不得繼承遺產。這似乎符合大部分的人的直覺：如果一個人為了遺產蓄意殺人，結果最後還能拿到遺產而不被判刑，那是否變相鼓勵大家這麼做？這樣的結果似乎也說明，原本的繼承法其實排除了這種圖謀犯罪的繼承狀況，只是沒有明白說出來。

在這樣的案例中，有些法詮釋學者會主張，只要原法條沒有明白提到新的事況中的細節，那麼它就不含有那層意思。也就是說，新事況不會對該法條的原始適用範圍產生任何改變。按照這樣的看法，在帕爾默的例子，兇手仍然可以繼承

遺產，因為法條中沒有明定為了遺產而殺人者不得繼承，那麼該條文就不含有那個意思。另一些學者主張，法條中有隱含意義，並且有一些原則可以讓我們去詮釋出這些意義，進而得知法條要如何應用在新的事況。在這樣的主張下，法律在新事況的運用其實就是在挖掘法條的隱含意義。

從法律詮釋學的例子我們可以發現詮釋是探究意義的學問，在法律的領域至關重要，因為會影響到判決。我們同時也看到，詮釋不只發生在法律的領域，也發生在藝術的領域，兩者有互通之處。這也無怪乎當代一些重要的法律哲學家如德沃金 (Ronald Dworkin) 或拉茲 (Joseph Raz) 在探討法律詮釋時也一併討論了藝術詮釋。

上帝能造出一個連祂自己都舉不起來的石頭嗎？有神與無神論者的世紀大辯論

　　上帝存在嗎？這個世界上有很多不同的宗教，大部分的宗教都有自己的神祇。以基督教而言，這位神就是上帝。對信奉上帝的人來說，上帝當然存在；但是有神論者要如何說服無神論者來相信上帝存在呢？他們不能只是說：「上帝存在。」這樣說了等於沒說，因為上帝存不存在這件事就是有神論與無神論意見分歧之處。對有神論者來說，他們必須給出一些理由來證明上帝存在，藉此說服無神論者。歷史上誕生了許多非常經典的、支持上帝存在的論證。本章簡單介紹其中幾個經典論證。接著，也會介紹一些很重要的、反對上帝存在的論證。

　　支持上帝存在的論證當中，一個非常重要的論證稱為第一因 (first cause) 論證，可追溯回希臘哲學家亞里斯多德。他認為，世界萬物的變化或運動狀態不可能無故發生，必定是被其他事物所推動。例如，一顆移動的球是被人所推動，但人會去推球，又是被其他事物所驅動，這個其他事物本身又必須再被其他事物推動。但是若繼續這樣下去會沒完沒了，似乎必須假設最終要有一個 「不動的推動者」 (unmoved mover)，這個推動的過程才不會無窮盡。不動的推動者推動了其他事物，但自己不被推動。這個不動的推動者便是上帝。

中世紀神學家、哲學家阿奎納 (Saint Thomas Aquinas) 繼承亞里斯多德的想法，支持不動的推動者之說法。他也提出了自己的第一因論證，認為任何事物必定有其發生的原因，但對此原因來說，同時也是其他原因的結果，因此可以不斷往前追溯。與不動的推動者之論證相同，此追溯不可能無止盡，最終必定要有一個沒有原因的原因，這個「無因之因」只能理解為上帝。

反對第一因論證的人質疑，為什麼無因之因一定要是神？為什麼不能是物理性事物？這是啟蒙時代蘇格蘭哲學家休謨 (David Hume) 提出的質疑。以現代科學來看，有些人相信大爆炸理論也是解釋宇宙起源的一種說法。大爆炸本身就是一個無因之因，爆炸之後宇宙才誕生，才有了時間與空間。這樣的說法並不需要預設神的存在。

第二個支持上帝存在的論證稱為宇宙設計說 (argument from design)，在十九世紀初由英國神職人員培利 (William Paley) 所提出。培利用鐘錶來作為類比。鐘錶的構造十分精密，若仔細觀察，會發現鐘錶的內部結構不可能是湊巧形成，一定是有人設計的。同理，當我們仔細觀察這個世界，會發現自然界處處都有設計的痕跡。例如，人體的構造之精密，讓人懷疑是否真的沒有設計者的存在。根據類比論證，給定鐘錶與世界有許多相似之處（精密的結構），而鐘錶有設計者，結論就是世界也應該有設計者。這麼強大的設計者只會是上帝。事實上，宇宙設計說可追溯回阿奎納的目的論論證 (teleological argument)。阿奎納指出，自然界的事物之運行都

朝向某個目的,例如花開了就會謝。但這些事物不會無緣無故有目的,因為目的是被賦予的,就如同箭不會無緣無故射出,必定有個弓箭手。這名賦予目的的高階存在就是上帝。

宇宙設計說遭受不少批評。休謨認為,我們會覺得錶來自設計者,是因為我們看過很多錶被設計出來,但我們看過很多世界被設計出來嗎?此外,這世界也有很多不完美的地方,為什麼不據此說世界沒有設計者呢?最後,那些相信達爾文演化論的人也可以主張,演化論就可以解釋生物的精密,不需要訴諸上帝。

除了第一因論證以及宇宙設計說之外,還有一個非常重要的論證稱為本體論論證 (ontological argument),由中世紀義大利的神學家安瑟姆 (Saint Anselm) 所提出。學者們對於安瑟姆的論證該如何正確表述有不同說法,不過最常見的一種表述方式是:上帝是完美的;任何事物若是完美的則它存在;因此上帝存在。這個簡潔的論證引起後世許多批評與討論。主要在於它的前提乍看之下並沒有問題並且它是有效論證,這也代表無神論者必須接受上帝存在。

讓我們檢視一下安瑟姆的本體論論證。第一個前提是上帝的定義,這點或許連無神論者都可以接受,因為上帝不管存不存在,就是如此被定義的。第二個前提似乎也沒有問題,若某個事物是完美的但它不存在,我們就能想像另一個同樣完美但卻存在的事物;相比之下,後者會比前者完美,如此一來,前者就不算是真正完美的事物。換句話說,一件事物若不存在,它就不會是完美的。如果我們接受了以上兩個前

提，那就只能接受上帝一定存在了。這個論證有沒有問題呢？

安瑟姆的論證其實會產生奇怪的結果。與安瑟姆同一時代的僧侶高尼洛 (Gaunilo) 指出，安瑟姆的論證可以證明各種奇奇怪怪的完美事物存在。例如，我們可以把第一個前提改成「失落之島是最完美的島嶼」。根據安瑟姆的論述，失落之島必定存在，因為真正存在的失落之島會比不存在的失落之島來得完美。但這個結論顯然是很荒謬的。

另一個反駁來自德國哲學家康德 (Immanuel Kant)。康德認為，「存在」不是一種性質（可理解為事物具備的特徵），因此不能是定義的一部分。例如，如果獨角獸被發現存在於世上，牠會因此比牠不存在時多出什麼性質嗎？把「存在」視為最完美事物的性質之一，其實是一開始就預設了最完美的事物一定存在，這樣根本什麼都沒有證明。

以上是三個非常重要的、支持上帝存在的論證。接下來我們來看看有哪些反對上帝存在的論證。最常見的一個稱為惡的論證 (argument from evil)：若上帝存在，世界上就不會有惡的存在（上帝不會允許它發生）；然而在這個世界上充斥著太多邪惡，例如戰爭、黑死病、天災還有犯罪；因此上帝不存在。每當這些殘酷、悲慘的事情發生時，很多人心中可能會疑惑：真的有神嗎？有的話怎麼會坐視這些事發生？這些事的發生不就證明了根本沒有神？

十七世紀的法國哲學家馬勒伯朗士 (Nicolas Malebranche) 認為，這個世界已經是上帝所能創造最好的世界了，若否認這點，等於是承認上帝沒有以最完美的方式創

造世界，亦即承認上帝是不完美的。另外，哲學家萊布尼茲 (Gottfried Wilhelm Leibniz) 也指出，惡的存在是為了帶來更大的善，因此是必要之惡。例如，大概所有人都會同意人能擁有自由意志是可貴的一件事，但如果上帝要讓人擁有自由意志，那麼便必須容忍惡的存在，因為讓人類能夠按照自己的意志行事，無可避免地會帶來不好的後果。當然，這樣的說法恐怕不能令人滿意，就如同法國哲學家伏爾泰 (Voltaire) 所說的，當我們親眼目睹像天災這樣的事件導致大量無辜之人的死亡，我們會懷疑上帝真的有必要讓善良的人死去嗎？像大地震這樣的災難根本不是人的自由意志所帶來的惡，上帝若真的存在，為什麼祂能容許這樣的事情發生？

　　有一些反對上帝存在的論證，針對的是上帝本身的性質。眾所皆知，上帝的大能可概括為全知、全善、全能。無神論者針對這三種性質提出了批評，他們想要證明，如果這三個概念是有問題的，那麼上帝是否存在就大有疑問。

　　羅馬時代的哲學家西賽羅 (Cicero) 認為，承認上帝全知會導致人沒有自由意志，因為如果未來可以預知，代表未來之事注定會發生，那麼便無所謂人可以自己選擇自己想做的事情或是掌控自己的人生。針對這個挑戰，中世紀神學家奧古斯丁 (Saint Augustine) 認為，我們應該要對自由意志這個概念做寬容一點的理解，只要我們是發乎自己的意志做事，也就是說因為想而去做，而非被迫，這樣就算是自由。以這個意義而言，人類還是有自由意志，因此與上帝的全知並不衝突。

　　那些挑戰上帝是全善的人認為，如果上帝是萬物的原因，

那祂也是我們一切行為的原因，包括犯罪，那祂就不是全善。中世紀的修士奧坎 (Ockham) 回應了這個挑戰。奧坎指出，事物的發生可以有一個以上的原因，在犯罪這件事上最相關的原因是動機，但是有犯意的只會是人而非上帝。如果這個說法合理，上帝不但是萬物肇生的原因，祂的全善也得以保全。

最後，關於全能這個概念有一個很有名的悖論，就叫做全能悖論 (omnipotence paradox)。無神論者問：上帝能造出一個連祂自己都舉不起來的石頭嗎？如果可以，那麼上帝就不是全能，因為祂舉不起那塊石頭；如果不行，祂也並非全能，因為祂造不出這樣的石頭。不管能不能，結果都證明上帝並非全能。

如何回應全能悖論呢？阿奎納認為，全能指的是可以做到一切邏輯上可能的事，這就排除了自相矛盾的事。要全能的上帝造出舉不起來的石頭，這就是一件自相矛盾的事。另一個回應全能悖論的方式由法國哲學家笛卡兒提出。笛卡兒認為必然真理（例如數學或邏輯真理）也是上帝所創，既然如此，祂就能做到邏輯上不可能的事，包括造出祂舉不起來的石頭。

關於上帝是否存在，有神論者與無神論者各自提出了許多精采的論證，讓人感到這個問題真的不簡單。如果你相信上帝存在，便可以去思考能運用什麼樣的理由來說服別人相信祂存在；如果你否認上帝存在，也可以去思考你是否有好的理由來說明祂不存在。這些思考會比僅僅宣稱上帝存在或不存在來得有意義。

10 小便斗也能是藝術嗎？如何定義藝術

　　一般我們會認為科學強調理性，藝術強調感性，但事實上對於藝術的討論需要很高程度的理性思辨，這反映在對於藝術定義的討論。亦即，要回答「什麼是藝術」這個問題主要仰賴哲學的理性思辨。我們來看幾個例子。

　　2016 年在美國曾發生一件有趣的事，一名男孩在參觀舊金山的美術館後，對於某些當代藝術作品感到不解，不確定為何那些奇怪的東西可以被稱為藝術品。為了測試大家的直覺，他將自己的眼鏡放在展覽廳的地上，然後觀察群眾的反應。果不其然，眾人的目光很快就被眼鏡吸引了。有人盯著牆上的解說牌想要把裡頭的內容跟眼鏡連結起來，也有人煞有其事地趴到地上替眼鏡拍照。顯然大家都把眼鏡當成藝術品在欣賞了。當這名少年把眼鏡收回時，所有人都露出錯愕的表情。

　　類似的事情也發生在 2017 年。一名英國大學生出於惡作劇，買了一顆鳳梨把它擺在美術館空的展覽臺上。結果館方竟將鳳梨罩上玻璃保護，儼然將鳳梨當成藝術品，此舉也吸引了許多人來欣賞這顆鳳梨。以上這兩件新聞都在網路引發熱烈的討論。

　　事實上，早在 1917 年法國藝術家杜象 (Marcel Duchamp) 就有類似的嘗試。杜象在五金行買了一個小便斗，

把它命名為《噴泉》(*Fountain*)，投稿到美術展的徵件活動，引起極大爭議。後來《噴泉》成為二十世紀前衛藝術的經典作品之一。類似的作品是 1964 年美國藝術家安迪・渥荷 (Andy Warhol) 發表的《布瑞洛盒》(*Brillo Box*)，盒子的外觀與市售肥皂盒一模一樣，無法區辨。這些例子不禁讓我們開始思考：藝術到底是什麼？任何事物都可以是藝術嗎？這個問題就是在追問藝術的定義。

要談藝術的定義，首先必須釐清「藝術」(art) 這個詞的兩種使用方式。有時候我們欣賞了一個很棒的作品，我們會不自覺地發出驚嘆：「這才是藝術！」在這種情況中，我們其實是把 「藝術」 這個詞當作評價性的 (evaluative) 語詞來使用。也就是說，只有好的作品才叫做藝術，不好的通通不算。若把「藝術」這個詞做評價性的使用，那不可能會有壞的藝術作品，因為只要是藝術就一定是好的作品。用這個方式來看待藝術的人必須進一步說明什麼才叫做「好」。

但「藝術」這個詞不一定要帶有評價性的意味，它也可以是一個價值中立的詞，也就是不用好壞來定義。大部分的哲學家對藝術作為中性詞的使用方式比較感興趣，因為如果「藝術」這個詞只能用來指涉好的藝術品，而不能拿來談壞的藝術品，這代表當你到美術館參觀時，裡面展示的作品不會全部都是藝術品，只有價值高的那些才是，除非你認同裡面展出的「所有」物件價值都很高。這個結果讓我們無法去談論「是藝術，但沒那麼好」的作品。這也迫使我們必須說一個作者所創造出來的作品，有些是藝術，有些不是，因為

作者在一生中總是會有一些失敗作品。難道這些作品就因此不是藝術了？

哲學家感興趣的是我們是否能找出一個藝術的定義，據此來描述為什麼某些作品會被認定是藝術品，但某些不會。這種描述性的 (descriptive) 定義並不把價值 (value) 視為藝術的判準，而是單純在分類：無論價值高低，某物是否能被歸類為藝術?因此可以同時囊括好的藝術作品跟壞的藝術作品。

釐清了評價性與描述性的使用方式後，接下來我們就要談談以後者而言，藝術究竟可以如何被定義。歷來哲學家提出了不少看法。例如，許多十九世紀西方浪漫主義 (Romanticism) 時期的人認為藝術是作者情感的體現；作者透過創作將情感投射於作品之中。二十世紀早期的形式主義者 (formalist) 認為，藝術就是某種重要或有意義的形式 (significant form)，是這種形式決定了某物為藝術。這些早期的定義試圖尋找藝術的本質 (essence)，也就是所有藝術作品都有──並且只有藝術才有──的共同點。換句話說，只要具備這個特徵就是藝術，沒有就不是。這個特徵就稱為本質。這種認為藝術具備本質的看法稱為本質主義 (essentialism)。

本質主義者的嘗試不算成功，因為他們所提出的定義總是會遭遇反例。就拿形式主義者的定義來說，抽象畫就會是一個反例，因為這類畫作在構圖上很難說具備什麼有意義的形式，但我們並不會認為抽象畫不是藝術。想要在所有的藝術作品中找到一個本質的企圖並不容易達成，因為總是會有新的作品打破舊的框架。

　　本質主義所面對的挑戰讓一些哲學家開始去思考用本質來定義藝術的可行性。美國哲學家摩里斯‧懷茲 (Morris Weitz) 在 1956 年提出了藝術不可定義的說法，認為藝術沒有本質存在。他援引了哲學家維根斯坦的理論來說明本質主義的想法是不可行的。維根斯坦想說明的是很多事物是沒有本質的。以遊戲為例子，什麼是遊戲呢？如何定義遊戲？當我們仔細去找遊戲的本質，會發現根本找不到這種東西。我們真正可以找到的是遊戲彼此之間的相似性 (similarity)。例如，卡片遊戲跟（絕大部分）桌遊都會用到卡片；球類運動都會用到球；很多遊戲都有競賽性質。簡單說，遊戲 A 與遊戲 B 在某方面有共通點，遊戲 B 與遊戲 C 在另一方面有共通點，但三個遊戲卻沒有共通點，是彼此之間的相似性讓三者都歸在遊戲這個概念底下。這就好像家庭成員的臉彼此都在某方面相似，但真的細究才發現大家其實沒有一個共同點。懷茲認為，維根斯坦提出的這種家族相似性 (family resemblance) 很適恰地說明了藝術的概念。藝術並沒有本質，有的只有作品之間的相似性，正是這種相似性讓我們得以使用「藝術」這個語詞。

　　懷茲進一步論述，他認為本質主義並沒有把握到藝術創作活動的一個重要特徵：反叛性。藝術家以反叛傳統或慣例來創作。當傳統或慣例成形後，總是會有作者想打破框架；框架被打破後又會形成新的框架，而新的框架又會被打破。這樣的循環是無止盡的。也就是說，藝術的概念是一個開放性的概念 (open concept)，抗拒任何限制。這讓本質主義的定

義方式成為一條死路。

　　懷茲所標榜的反本質主義 (anti-essentialism) 掀起很大的波瀾。一時之間，許多人都對定義藝術失去了信心。但反對者指出，懷茲的說法恰好證明了藝術是可以被定義的。為什麼這麼說呢？既然藝術具有反叛性，這不就承認藝術的本質是反叛嗎？懷茲的說法是自打嘴巴。當然，這個反駁可能不盡完美，因為並非所有的藝術作品都具備反叛性。但對本質主義者來說，這裡其實揭露了一條思考的線索。仔細想想，如果一個作品具有反叛性，那麼反叛性是怎麼來的？顯然它不會完全來自作品本身。反叛預設了被反叛的對象或傳統，如果沒有先在的作品或藝術傳統，反叛根本無法成立。換句話說，反叛這個性質是來自作品與作品之外的事物之關係，它對作品來說並非是內在性質 (intrinsic property)，也就是內在於作品本身的特徵。這其實跟本質主義者原本在談的本質有所不同，因為所謂的本質是完全內在於事物，例如作品的形式。

　　也許藝術的定義要另闢蹊徑，不應該往內在於作品的性質去尋找，而應該考慮外在的因素。一個非常有名的外在性定義由美國哲學家喬治‧迪基 (George Dickie) 所提出。根據迪基最早期的定義，藝術品是一個人工製品 (artifact)，而這個物件被足以代表藝術界 (artworld) 的人授予被欣賞的資格。這樣的定義主要利用了外在於作品的因素，也就是藝術界人士的認定，來為藝術下定義。可以代表藝術界的人包括藝術家、評論家、策展人、美術館或出版商。由於用到了藝

術界這種體制的概念， 迪基的理論也被稱為藝術的體制論 (institutional theory of art)。 簡單說就是由體制來決定某物是否為藝術。

關於藝術是否可以被定義，當代哲學家仍爭論不休。也許有人會覺得這個問題沒有意義，能不能定義又如何？這很重要嗎？但我認為這是倒因為果的問法。一開始人們對於什麼是藝術沒有疑義，但很多藝術品或案例會讓我們自然而然想追問這個問題。就如開頭提到的兩則新聞還有杜象以及渥荷的作品，都迫使我們去思索藝術的定義究竟是什麼。既然這個問題的確存在，那麼討論它就不能說沒有意義。相反地，透過這樣的理性思辨，我們對藝術的認識可能會更加深入，也更有機會享受藝術帶來的樂趣。

Part 3 來一趟「美」的探險

第三部分要介紹哲學裡一個很有趣的領域——美學。顧名思義，美學是研究美的學科，但也涉及關於藝術的討論。

喜歡美麗的事物是人的天性，但審美究竟是一種什麼樣的活動？美感是完全主觀的嗎？審美是不是有方法？品味有沒有高下之分？藝術與演化有關嗎？這些其實都是美學會探討的議題，也是本章會介紹的其中一些議題。

讀美學，讓你成為理性與感性兼具的審美者。美不但需要被感受，也需要被反思。

1 連犯罪都可以是種「美」？你所不知道關於美的六個前提

　　欣賞美麗的事物是人的天性。誰不喜歡看俊男美女？自古以來就有選美比賽，大學校園內也常有校花校草的選拔賽。當然，我們不只欣賞別人的外表，也希望自己看起來漂漂亮亮，所以會打扮自己。然而，我們的審美對象 (aesthetic object) 不只是人，還包括很多其他事物。

　　在生活中，大自然也是常見的審美對象。應該沒有人不喜歡看美麗的景色。許多人喜歡在週末時到郊外踏青，看看樹林、花草、流水與藍天，不但能令身心愉悅也能紓解壓力。當自然環境被破壞時，我們也會予以譴責，可見自然之美對我們而言有多麼重要。

　　但我們的審美對象不是只有人與自然，還包括藝術作品。評價作品好壞一個最常見的標準，就是美不美。如果一幅畫讓我們看了感到非常愉悅，我們對它的評價可能就會很高；相反地，一個缺乏美感的作品，往往不會得到太高的評價。一般而言，我們對作品的好感度會與作品的美感強度成正比。

　　不論是人、大自然還是藝術品，都是具體的事物。但我們也會用「美」來形容抽象的事物。例如，如果一位美女心地善良，我們會說她人美心也美。有時候，連想法也可以是美的。當一個無可救藥的浪漫主義者對你訴說他對未來的想望，你可能會覺得他的想法很不切實際，但聽起來真是太美

了。

抽象事物的美還可以推得更遠。例如，巧妙的數學證明也常常被形容成是美的。跟數學證明很類似的美感也常出現在推理小說中。當偵探用了很俐落的邏輯解開一個謎團，或者兇手用了一個很巧妙的犯罪手法犯案，我們有時也會用漂亮或美來形容。

最後，美甚至還可以用來形容死亡。芥川龍之介著名的短篇小說〈地獄變〉，敘述一名畫師在目睹女兒慘遭火刑時，因感官的震撼才畫出了絕美的作品。另一個美麗的死亡的例子發生在 1947 年，一名叫做麥克海爾 (Evelyn McHale) 的女孩從紐約帝國大廈的八十六樓跳樓自殺，在她墜樓死亡過後四分鐘，一名攝影系的學生拍下了屍體的照片，照片中的死者衣著整齊，面容安詳，屍身完整，彷彿只是安靜地在沉睡，這張照片後來被認為呈現了有史以來最美麗的自殺場景。

如此看來，美可以體現在各式各樣的事物之中，不論是抽象的事物，還是具體的事物，都有美的身影。不過，在傳統美學的討論中，審美對象以感官的對象為主，多半是具體的事物，也會是後續不少章節討論的主軸。

一般我們會認為審美是很個人、很主觀的事。但關於「審美」這件事本身卻存在一些可能不會有太大爭議的原則。這些原則可以看成是關於審美活動的一些基本前提。底下針對這六個原則做簡單的說明。

首先，美會帶來愉悅感，這是一個大部分人應該都知道，卻不見得陳述得出來的事實。當我說「某人很美」，這意味著

審視他／她帶給我愉悅的感受。當我對你說：「唱一首好聽的歌給大家欣賞。」我的意思是要你唱一首能帶給我們愉悅感的歌曲。美麗的事物能夠取悅我們，讓我們感到舒服，甚至常常還會有療癒的效果。

第二個原則是，美可以被比較。我們常常會比較兩個審美對象的美感並試著去判斷哪一個比較美，哪一個比較不美。很多時候，這種判斷很難做出來，因為可能兩邊的美不分軒輊。例如，到底是太魯閣的景色比較美，還是阿里山的景色比較美。但也有很多時候，雙方的高下之分是很明顯的。就像你心裡面可能會覺得藝人 A 比藝人 B 實在漂亮太多，或是阿里山的日出比你家巷口的日出美太多。也就是說，這個原則接受美是有程度之分的，有些對象的美感程度較高，有些較低。

再來是第三個原則：美是人們關注對象的充分理由。我們難以將視線從一個美麗的人或者一幅美麗的畫移開；相反地，我們會選擇將注意力放在其身上，直到我們看累了或者被迫移開視線。我們可以僅僅只因為對象美而關注它，不需要再有其他的理由。有時候，我們是先注意到某個事物與美感無關的面向，但當我們發現了該事物具備相當的美感，我們就會因為它美而關注它。例如，假設你到國外旅行，住進了一間飯店，因為太匆忙而沒有仔細打量它的外觀，只知道內部裝潢十分氣派，也讓人感覺很舒適。後來你走到外面，無意中看見整棟建築的外觀，發現設計得很美，這時候你的視線就僅僅只因為美而聚焦在飯店的建築，而且還因為美而讓你願意再多看一眼。即使飯店住起來很舒適，你也很難忘

記它很美這件事。也就是說，美本身就足夠成為一個我們關注事物的理由。

第四個大家可能會認同的原則是，美是品味 (taste) 的核心。這是什麼意思呢？我們常常會做出關於品味的判斷。例如，你可能會覺得聽古典樂的人音樂品味比較好，或者是你會覺得有些人穿衣服的品味不好。當你做出這些判斷，你的主要依據是什麼？說穿了，其實就是美不美。你覺得聽古典樂的人具備較高的品味，是因為古典樂比流行音樂優美；你覺得你的朋友穿衣服品味不好，是因為他或她的穿搭讓你覺得很難看，也就是沒有美感。

第五個關於審美的重要原則很常被忽略。審美判斷 (aesthetic judgment) 是關於對象，而不是關於主體。當我說：「這是一朵很美的花」這句話是在判斷一個對象美不美。當我這麼說的時候，我的意思是這朵花「本身」很美，也就是說，美是這朵花的一個性質，而語句中的「美」指涉到這個對象身上的一個性質。我是在描述這朵花，而非描述關於我自己的任何事，例如我的心理狀態。如果我今天說的是：「這朵花令人愉悅。」這句話就不是在描述花本身具備的性質，而是在說我的內心感受。

最後一個審美的原則是關於二手的審美判斷。很多事情可以有二手的判斷，也就是仰賴別人來幫你做判斷。例如，假設你從來沒去過日本，但打算暑假前往日本自助旅行，剛好有一名朋友先去了，你便可以詢問他關於旅行的一些細節。諸如可能要準備多少錢或哪個地點會比較好逛。這些事情不需要你親身經驗才能做出判斷，因為你可以仰賴友人的判斷。

但審美判斷就不一樣了。某個明星美不美，不是你的朋友說了算，而要你親自看過才能下判斷。同樣地，一首音樂好不好聽，要你親自聽過才能下判斷。在審美的領域裡面，沒有二手判斷這件事，別人永遠無法替你決定一個對象美不美。這個原則在美學中被稱為「親知原則」(acquaintance principle)，也就是要親自體驗過才能說自己真正知道美。

有人可能會認為二手判斷還是可能的。如果你很信任某個藝術評論家，將他的話奉為聖旨，那為什麼你的審美判斷不能奠基在他的判斷之上？就好比說，我們的科學知識都是來自二手判斷，我們都是透過科學家的研究成果才得以認識這個世界，而不是親身去挖掘自然界的奧妙。憑什麼說在審美的領域事情就不是這個樣子？當然不一樣。就算你信任評論家的判斷，那也不代表你能夠僅以他的判斷就下出你的判斷。在你欣賞過作品之後，你的審美判斷當然可能跟你崇拜的評論家相同，但重點在於，在你親自面對作品之前，你對作品的意見都不能真正算是你的意見。如果有人問你說你覺得明星 Y 漂不漂亮，你回答說你覺得很漂亮，對方問你為什麼，你說因為你的好朋友覺得 Y 很漂亮，所以縱使你沒見過 Y，你仍然相信 Y 很漂亮。這樣的回覆應該會讓人覺得你腦袋是不是有問題。

以上這些關於審美的共識看似沒有爭議，其實卻暗藏衝突。前面說過，我們的審美判斷是關於對象。原則五告訴我們「美」這個特質是對象客觀持有的，這也代表，我可以進一步根據對象身上的其他特質來解釋「美」是如何產生的。例如，如果有評論家說米開朗基羅的名作《大衛像》(David)

是美的，因為展現出有力度的肌肉線條，那麼我只要知道某雕像展現出這樣的線條，不就能判斷它是美的？

讓我們用另外一個例子來說明。有些穿搭達人建議，秋冬季節可以在毛衣內加穿白色的長版襯衫，讓襯衫下擺從毛衣下擺自然伸出，形成內裡長、外衣短的形態。這樣的穿搭可以營造出層次感，還會有異材質拼接的造型效果。我們來仔細分析這個案例：

（穿搭案例）

1. 此處審美者指出這樣的穿搭本身是好看的，亦即，好看或美這個特質是此穿搭所客觀具備的。
2. 審美者進一步指出，此穿搭之所以形成美，是因為不同衣物之間的拼接。
3. 換句話說，衣物的拼接、層次是構成衣物穿搭之美的條件。
4. 那麼，只要掌握此條件，即使一個人沒有看過任何穿搭，只要知道該穿搭具備這個條件，他就可以做出審美判斷，這不就與親知原則產生矛盾？

也許可以這樣想。當我們說某物是美的，我們的確是在談某物身上的特質，但沒有任何明確的規則可以告訴我們為何某物會是美的（這些規則在每一個個案中都可能會導向不同的結果），唯有親身體驗，才能說我們真的知道某物是美的。這也說明了美感在對象身上的形成無規則可循，不像疾病在人體的發生有確定的成因。如果這樣的說法有道理，這也意味著美的存在只能靠感性捕捉而無法用理性解釋。

看太多美也會疲乏？從穿著到街景都必備的極簡美學

上一章我們介紹了一些關於審美的基本共識，也就是在進行審美活動時大部分的人都會同意的一些基本原則。其中一個原則是美具有可比較性。例如，我們常常會比較不同明星的美，認為某位明星比另一位明星更美；或者是我們也會比較不同畫作的美，宣稱某幅畫比另一幅畫更美。美有可比較性，這乍看之下很合理，但大概很少人會發現，美的可比較性可以引領我們更深入地欣賞建築還有街景之美。怎麼說呢？本章會循序漸進揭穿這個奧祕。

說美可以比較，聽起來似乎蘊含了某種價值判斷。如果 A 比 B 美，那 A 是不是比 B 更值得追求，也更重要？想想看，如果我們比較的不是只有 A 與 B，還有 C、D、E 甚至 F，那聽起來處於最底層的 E 或 F 好像不值得追求，而 A 彷彿是一個至高無上或接近至高無上的美，亦即，是這些審美對象中最有價值的美。換句話說，當美可以排名的時候，自然會出現高強度的美與低強度的美，而這樣的階層區分，對人們而言也成了價值與重要性的區分。

那些處在高端的美可稱為神聖美 (sacred beauty)。這種美飽滿、強烈、令人屏息，也可以說是絕對或理想的美。偉大的藝術品如拉斐爾的《雅典學院》(The School of Athens) 或達文西的《蒙娜麗莎》(Mona Lisa) 都給予我們極致的美感。以

自然美景來說，臺灣哪些美景最為人津津樂道呢？阿里山雲海、太魯閣峽谷、日月潭等等，都是讓我們屏息的美景，更不要提世界級的景色例如美國大峽谷或是紐西蘭的福克斯冰河。極致的美會讓我們感到高度滿足，但在日常生活中，我們會時時刻刻追求這樣的美嗎？顯然不會。我們沒有時間整天泡在美術館或旅遊勝地；我們的心靈也沒有空間在長時間中負荷高強度的美，那樣只會變成美的過剩。日常生活中更多的是低階層的美，無所不在，與我們的生活合為一體。仔細考量，這些低階層的美所扮演的角色，其實不亞於高階的美。讓我們把這種低程度的美稱為簡約美或者極簡美(minimal beauty)。

極簡美充斥在我們的生活之中。舉個例子，如果你覺得桌面很亂，你可能會把它整理乾淨，把雜物丟掉，用抹布擦擦桌面，把東西擺放整齊。電腦桌面也一樣，桌面擺放了太多圖示或資料夾，看起來就非常雜亂，這時候正常的做法是把不要的捷徑刪除，把資料夾移到別的地方，再把圖示重新排列。整理完之後是否煥然一新？那種井然有序、賞心悅目的感覺是不是看起來很舒服？這樣的美，其實就是一種極簡的美。這種極簡美不是那種偉大藝術品或世界級美景呈現出來的美，不是那種你在看古典名畫或尼加拉大瀑布會感受到的美。極簡美雖然不是那種宏偉、飽滿、華麗或崇高的美，但它一樣讓事物看起來美，而這種美簡約、順眼。我們在日常生活中對很多事物的要求，其實就是希望可以滿足極簡美。

極簡美的重要性可用早期小學國文課本中的一個小故事

來例示。這個故事叫做〈一束鮮花〉。話說有一個男人很邋遢，不但蓬頭垢面，住的地方也很髒亂。有一天有人送了一束鮮花給他。男人覺得這束花很美，想放花瓶中，但花瓶太髒了，於是他清洗了花瓶再把花放進去。然而，乾淨的花與花瓶放在髒亂的桌面上看起來很不順眼，於是他又清理了桌面。接下來連房間、院子都打掃一遍，最後他看見鏡中自己髒亂的模樣，於是也把自己打理乾淨。這個故事如果放在美學的脈絡來看，講的就是極簡美的道理。生活中的美不需要奢華，重點是乾淨、整潔與看得順眼。

再舉個例子。人都喜歡打扮，尤其在出門之前，大部分的人都會打理一番才出去。在街上，尤其是在大都市裡面，我們可以看到打扮得花枝招展的人們。亮麗、華麗的打扮，往往可以吸引人們的目光。但是也有很多人的打扮，走的不是「神聖美」的路線，而是簡約或極簡的美。在服飾的挑選上，不一定要選用突出的顏色及款式，只要穿搭順眼即可，這種素樸的美就是極簡美。我們不可能每次出門都盛裝打扮，因為並沒有必要；但我們也不太可能完全不打理，穿著睡衣、頂著亂髮就出門。如果我們對自己的裝扮有一點要求，這個要求的最低門檻就是極簡美。

要求事物看起來順眼或整齊對我們而言很重要，這不但影響到我們的情緒，本身也具備意義與價值。如果桌面不整齊，我看了不舒心，就會無法工作；而桌面很乾淨整潔這件事情本身，除了賞心悅目，也說明了我不是一個邋遢的人，有助於自我形象的建構與肯定。打扮也一樣，知道自己穿成

什麼樣子，也會影響到我們走在街上的心情。如果你穿著睡衣睡褲或是完全不搭調的衣服走在街上，自我感覺大概也不會太好，只會想事情辦一辦趕快回家。

極簡美的內涵不僅止於此。讓我們繼續考察打扮的例子。想像一下，如果街上每個人都打扮得像是要去參加五星級宴會的樣子，那會是什麼樣的畫面？每個人分開來看的確都很美，而且可能是驚人的美；但是當整條街的人都展現出如此高強度的美，個體的美好像就失色了不少。換句話說，當同樣等級的美互相競爭時，反而無法有任何一方勝出，因此就無法突出。想要突出，就必須有低階的美存在。這其實就是綠葉映襯紅花的道理。只有當街道上也存在著極簡美的時候，高階美才能完全顯露出光采，才會被烘托出來。極簡美不是只有本身美，它也能讓高階美變得更美。

這樣的道理在建築美學中十分重要。一棟建築呈現出來的美感不能只考慮建築本身，還要考慮周遭的其他建築。假設我們現在要蓋一棟美麗的教堂，如果教堂周邊的建築都是比較低矮的房舍，並且本身具備極簡美，這些周邊建築就有很大機會達到烘托教堂的功用，讓教堂變得更美，成為畫面中的主角。然而，若是教堂周邊都是一些摩登的辦公大樓或是同樣華麗的教堂或寺廟，這麼一來建築與建築之間會形成「爭鋒」的狀態，這種狀態會產生兩種結果。第一種就如同先前提到的滿街盛裝打扮的人們：所有人都很美，沒有誰最美，呈現出來的反而是一種美的過剩與疲乏。第二種結果可能更糟，如果與教堂爭鋒的是辦公大樓，這種畫面可能已經

不是美的過剩，而是極度的不協調了。也就是說，在考慮街景或建築美學的時候，整體的和諧性往往比單一耀眼的美來得重要；城市的一角，街道的一角，廣場的一角，畫面的美感來自和諧與融洽，而非百花爭艷。

從前述的討論，我們可以發現兩個重點。首先，極簡美與我們的生活息息相關。偉大的藝術品或自然奇景所帶來的美感，往往都是我們在特地選擇的場合才能體驗到，就如同盛裝打扮也不是一年到頭會發生的事情。這種神聖美與我們的生活某種程度是脫鉤的。但是極簡美在生活中無所不在，存在於我們的許多決策。例如，要不要清理桌面或打掃家裡。可以說，極簡美源自人性中對於和諧與融洽的渴求，這種渴求也是生活中非常重要的一部分。

另一個啟示是關於都市設計。美麗的建築往往需要背景的烘托，而這個背景本身的美不能喧賓奪主，這樣才能達成低階美成就高階美的效果。以都市設計而言，重點是要融入，而非突出。若要突出，必須透過恰當的烘托，這種恰當奠基在融洽與和諧。這也讓我們理解到，為何有些幽靜的小街道，雖然缺乏壯麗的建築作為主角，卻還是美。這是因為街道本身的融洽與和諧性，展現出極簡美，這或許可稱為是一種謙遜的美。

說美是可以比較或排序的，這暗指了有最高的美存在。的確，談到美的時候，我們可能都會不自覺地想到最高層次的美。當我說某位明星很美，你回答說她不夠美，這時候你心中想的是一百分的美。這樣的思維往往讓我們忽略了低階

美的重要性。這似乎也說明了，美這個詞是很廣義的，它可以指涉到絕對或理想的美，但也可以指涉到許多不同的低階美，例如優雅、整潔、秩序或是魅力。但在日常語言中，我們並沒有區分得如此細緻。對美有敏感度的人，或說一個真正的審美者，也許就是具備以下這種能力：能夠區分不同階層的美並且懂得使用不同美感詞來指涉這些不同強度的美。

要吃「一顆」桃子還是「那顆」桃子？漂亮跟實用的大決鬥

　　一幅畫很美，但畫的功能僅止於欣賞；一把鐵鎚不美，但可以用來幫你釘釘子。美的事物可以有實用性嗎？實用的事物可以是美的嗎？美與實用這兩個概念乍看之下好像是有衝突的，但事實上卻可以並存。一個有實用價值的東西也可以是我們的審美對象。建築是一個很好的例子。建築是拿來被使用的，不管是居住還是辦公，它都有一個實用的目的存在。換個說法，建築本身有某種實用功能要實現，這就如同椅子是拿來坐的，盤子是用來盛飯菜用的，車子是用來開的，上述這些東西都有它的作用。但這不代表我們不能做出漂亮的椅子、盤子、車子甚至房子，同時欣賞它們。以消費者的角度來看，我們在購買這些物品之前，大多會考慮它們的美觀。試問，有人會買看起來很醜的車子嗎？應該是不會。相反地，我們還常常會欣賞車子的美。如果看到有人開了外型亮眼的車子，我們還會好生羨慕。對家庭主婦而言，購買有礙觀瞻的盤子應該也是不太可能的事，如果家裡有人買了這種盤子，吃飯的時候心情大概不會太愉快。

　　讓我們考慮建築的例子。舉我最喜歡的推理小說為例。在推理小說裡面，建築扮演了極為重要的角色，兇殺常常發生在奇怪的建築物裡面。最有名的就是日本推理作家綾辻行人的「館」系列。在這個系列中，有一名天才建築師叫做中

村青司，他設計了一系列奇形怪狀的建築物，都以「××館」命名。這系列作品每一本都以館的名字作為書名，案件也發生在館裡面。例如，系列第一本是《殺人十角館》，顧名思義，裡面的建築是一棟十角形的房子，房子裡的物品也都是十角形。另一本《殺人迷路館》的案件則是發生在迷宮之中，迷宮本身就是迷路館。另外還有水車館、人形館以及黑貓館等等也都別具風格，可說是把推理小說中奇怪建築物的風潮推到頂峰，引發了很多作家仿效。除了綾辻行人之外，另一位日本推理作家篠田真由美也寫出了建築偵探櫻井京介的系列偵探小說，內容包含了許多建築的相關知識。這些推理小說都引領我們欣賞建築之美。

推理小說裡面的建築，除了居住的功能之外，還常常具有殺人的功能。也就是說，這些屋子在設計上就具備犯罪的目的（至於是哪本推理小說的屋子有殺人機關，在此就不透露，以免破壞讀者興致）。拋開居住或殺人的功能不談，這些建築的確可以作為審美對象。比較一下美術館的畫。美術館的畫有實用性嗎？沒有，一幅畫的目的就是要被欣賞，而這似乎就是藝術品的主要目的，也是唯一目的。當畫家著手畫一幅畫，他並不是要透過這幅畫去完成另一件事，畫本身就是目的。但當建築師設計大樓時，他的目的是要設計出可以居住或辦公的大樓，居住或辦公才是目的，而大樓的美醜與否，主要取決於實用目的被實現的程度。

建築的實用性可以獨立於它的美而被評價。當我們在談它的實用性，我們談的是建築作為一種實現目的的手段。但

如果我們在談的是建築的美，美的本身就是目的而非手段。啟蒙時代的思想家注意到這件事，才進一步區分了藝術品與工藝品；在那之前，人們並沒有仔細區分這兩者。

因此，我們對物品的興趣可以區分成兩種：審美興趣(aesthetic interest) 與實用興趣 (utilitarian interest)。當我們對一個對象抱持審美興趣時，我們關心的是這個對象本身。但當我們對一個對象抱持實用興趣時，我們關心的是它可以為我們做什麼。審美興趣的關鍵在於對象本身的內在價值(intrinsic value)，也就是事物因其本身而產生的價值；實用興趣的關鍵在於對象可以實現的功能。如果我們是因為美而關注一個對象，那麼這個對象是不可取代、獨一無二的；但如果我們是因為功能而關注一個對象，則這個對象並不是不可取代的，因為它可以被具有同樣功能的事物替代。在後者的情況，該事物並非最終目的，而只是達成目的的手段，因此只要可以達到同樣的目的，手段是可以替換的。

讓我們用一個簡單的例子來說明。假設你指著餐桌上一盤桃子的其中一顆，說：「我要那顆桃子。」我拿了盤子中的另一顆桃子給你。你搖頭，說你就是要你指的那顆，因為那顆桃子特別美。這時你對桃子抱持的是審美興趣。也就是說，你是因為美而要那顆特定的桃子。在這個狀況下，任何桃子都無法取代你要的那顆桃子，因為這顆桃子的美是內在於它自身，沒有其他桃子可以取代。但如果今天你要桃子的目的是要吃水果，那麼我拿了另一顆桃子給你，這也無所謂，因為在這個情況下，不論是哪一顆桃子都可以滿足你的目的。

　　讓我們再換個例子來說明。假設你愛上某人，你因為對方獨特的美而愛上他。這個美有可能是他外貌的美、靈魂的美或是品德上的美。是哪一種都不重要，總之就是美。如果這個時候，你的父母反對你跟對方在一起，並告訴你還有更好的對象，你能接受嗎？當然不行，因為你要的就是他。他作為你的審美對象，是獨一無二的。然而，如果你純粹只是要找個對象結婚，實現組織家庭、繁衍後代的功能，那麼也許對象是誰就沒那麼重要。

　　這樣的狀況也發生在欣賞作品的時候。如果我當下就是想聽貝多芬，那麼莫札特或蕭邦都不能滿足我的渴求。貝多芬音樂的美無法被莫札特或蕭邦取代。這並不是說貝多芬是更好的音樂家，而是說當我們渴求某事物的美的時候，我們要的就是那獨一無二的個體。但如果今天我聽音樂只是要把音樂當成一種藝術治療，那也許莫札特或蕭邦的音樂也能辦到，如此一來，就不一定要選擇貝多芬了。

　　當我們為了美而欲求某個事物時，這個欲求並沒有特定的終點。當我說我為了美而要這顆桃子，那麼即使我把桃子審視過一遍，依然無法滿足我對它美感的渴求，我還是可以一看再看，卻仍覺得不夠；就算我暫時覺得看夠了，之後我還是可以隨時回來審視。口渴可以透過喝水而消除，但是對美的渴求沒有明確的結束，因為審美是一種沉思，這就像望著大自然的美景，並不是像安全檢查一樣看完每個細節就結束了。沒有哪一個細節是開始，也沒有哪一個細節是結束。美需要感受，而這種感受沒有特定方向與目的。

　　有一些人認為，當我們在欣賞像建築這種帶有實用性的藝術時，我們不可能把它的功能拋到一邊不管。也就是說，像建築這樣的物件，當我們在談論它的美，無法不考慮它的實用性。這是因為一個物品如何執行它的功能會影響到我們覺得它美不美，這意味著兩者是不可分割的。美國建築師路易斯‧蘇利文 (Louis Sullivan)——也是現代摩天樓之父——把這種想法推得更極端。他認為建築的美完全來自功能性 (functionality)。只有當建築的功能良好地實現時才有美可言。蘇利文著名的口號是 「形式服從功能」 (form follows function)。這也就是說，一個建築的外觀（也就是它的形式）必須從屬於我們對於該建築的功能性考量。這句口號變成二十世紀初的建築設計原則。蘇利文這樣的看法影響了許多建築師，他們因此把美看成是建築的副產品，而非目的。

　　「形式服從功能」是一個建築設計的指導原則，但未必說出了事實，因為功能執行良善的建築未必是美的。有趣的地方也就在這裡。美麗的建築往往會留存下來，就算它失去了原本的功能。但那些失去功能卻不美的建築，大多會被拆除。這或許說明了，如果想要讓建築作品流芳百世，考慮美感還是很重要的。很多古蹟正是因為在藝術上有極高價值而被保留下來。

　　此外，美感有些時候可能也可以讓功能執行得更好。哥德式 (Gothic) 建築常見的一種設計是滴水嘴獸 (gargoyle)。這些怪獸搭建在建築高聳的牆上，伸出長長的嘴，或是拱起身子俯瞰下方，看起來有奇異恐怖的美感。事實上，這是排水

用的裝置，讓水可以從怪物的口中吐出。在造型的設計上如果沒有讓怪獸的身形突出，就達不到排水的最佳效果。而怪獸這種突出的身形正是美感考量。另外一個例子是星巴克。在臺灣，有些星巴克蓋得非常漂亮，以至於在網路上還有專文介紹這些全臺最美的星巴克，讓大家在讀了文章後有興趣去朝聖。這是否增加了這些星巴克門市的業績呢？這部分就留給讀者查證。

4 有距離才是真正的審美：康德教你如何成為審美專家

　　美學中一個古老的議題是關於如何欣賞美麗的事物。有些人可能會疑惑為什麼審美還需要方法，不就是用眼睛好好看，想怎麼看就怎麼看嗎？的確，一般人在審美時不會想太多，但事實上這裡頭卻暗藏玄機。

　　假設你在美術館看畫。最自然的狀況應該是，你在展廳中走著，眼前閃過琳瑯滿目的畫，接著某幅畫吸引了你的目光，你停下來，大致把畫審視一遍，確認畫中的內容。這個過程到此都沒有問題，有問題的是接下來的步驟。

　　再假設畫中是一幅裸女的圖像。從畫的其他細節可以看出，這是在畫神話中的女神，也許是維納斯。這時你注視著女神裸露的身軀，腦中竟然開始出現奇怪的遐想。等等！這樣對嗎？這樣你真的能把握到女神的美嗎？

　　在這裡發生的事情是，當你在審視女神畫像時，你把自身的慾望——也就是性慾——帶進審美活動中。換一個說法，當你在審視這幅畫時，你的態度是帶有私慾的。也許你會認為帶有私慾為什麼不行？內心想什麼原本就是自己的事。當然，我們自己心裡面想要怎麼想是自由的，但當你把性慾帶進對女神畫像的欣賞之中，你是否還能真正捕捉到這幅畫原本所呈現出來的美，這可能就有問題。畢竟你的慾望是強加在這幅畫之上的，並不屬於這幅畫。

　　我們再來想像另一種狀況。當你看到女神畫像時，發現女神的長相與你以前的情人十分相似，於是你便聯想到之前與她分手的慘痛經驗，整幅畫頓時籠罩上一片愁雲慘霧，也許變成一種悲劇性的美。但這種悲劇性的美卻是來自你自身的經歷。

　　我們可以再試想另一個情況。假設你是藝術評論家，現在美術雜誌邀請你針對前述的女神畫像寫一篇評論。由於稿費十分優渥，雜誌編輯、畫家本人以及策展人都是你的好友。於是為了稿費，為了交情，你把這幅畫「愈看愈美」，寫出了一篇連你自己都不怎麼相信的評論。

　　這樣的狀況其實不會只發生在作品身上。前面提過，審美對象不一定要是藝術作品，也可以是作品之外的事物，例如大自然。假設你在阿里山欣賞雲海，結果雲海讓你聯想到一件不幸的事。曾經有一次你跟家人去看雲海，父親突然因為看到美景太過興奮而心臟病發作，繼而休克。從此之後你只要看到風起雲湧的景象便很容易有一種休克的感覺，阿里山雲海也不例外。基本上你可以控制不去想它，但你卻常常帶著這過往記憶去欣賞雲海，成為一種習慣。無論如何，這似乎不會是欣賞阿里山雲海的恰當方式。

　　我們提到的這幾種狀況都涉及了不純粹的審美。這種不純粹，來自外在因素的干擾，包括審美者的慾望、私人經驗以及利益。這些外在因素扭曲了審美對象原本應該要呈現給我們的美。因此有哲學家主張，在審美時，我們應該抱持的態度是一種無私 (disinterested) 的態度，這種態度可以排除會

讓美不純粹的要素。這正是十八世紀知名哲學家康德的看法。康德美學一度十分有影響力，直到二十世紀初期都還有許多追隨者。

康德認為審美的關鍵在審美對象本身，精確地說，是事物的形式 (form)；與形式無關的因素便無關於審美，不應該帶入審美活動。以女神畫像為例，畫像本身的形式便是由特定線條與顏色所構成的組合，這種組合可以喚起我們的美感。對審美者來說，要捕捉到美，只需要從審美對象的形式本身下手，不需要考慮別的因素。

換個說法，當我們在進行審美活動時，康德所說的無私的審美態度要求我們只關注對象本身，所有對象之外的事物——也就是與形式無關的要素——通通不相干。康德用了「自由美」(free beauty) 的概念來說明我們所要獲得的美是不受任何非形式因素玷汙或干擾的，這樣自由的美才是我們應該追求的。

要注意的是，美的追求並非得來不費吹灰之力。這意思是，並不是只要關注一個審美對象，美就會自動送上門來。當我們的眼睛聚焦在女神畫像上時，除了抱持無私的態度，某種程度我們必須運用想像與理解能力，才能捕捉到美。康德稱這個過程為「自由聯想」(free play)。自由聯想為美的呈現設立了一個門檻，這代表光是關注物體的形式是不夠的，為了知覺到美，我們必須對審美對象的形式進行沉思，從不同的角度觀看並想像，才能捕捉到美。也就是說，我們必須對審美對象進行一定程度的反芻，才能看見美。

　　為了說明這樣的門檻，我們可以考慮一下純粹的感官愉悅。康德將這種純粹的愉悅感 (the merely agreeable) 全部排除在美感之外。這種愉悅指的是立即的快感，也就是不經反思就可以得到的愉快感，例如食物的美好滋味。當我們在吃美食時，食物一進到口中，我們立刻就可以知道好不好吃，如果好吃的話，會產生愉悅感，不需要經過什麼沉思。性行為帶來的愉悅感也一樣，這是一種立即、不加思索的快感，沒有任何理智層次。但美感不同，美感必須經過沉思得來。當我們在注視女神畫像時，我們必須研究線條與構圖，注意畫中的細節，反芻畫作的形式特徵，適度運用想像力與理解力，這樣獲致的結果才是康德所謂的美，而這樣的過程才是所謂的美感經驗 (aesthetic experience)。純粹的快感為理智留下的空間太少，沒有想像力與理解力發揮的餘地，因此這樣的知覺經驗是較為低階的。

　　若要簡單總結康德的美學思想，也許可以這樣說：美感的捕捉有賴於審美者進入一種特殊的心理狀態，也就是某種審美態度 (aesthetic attitude)，這種態度只關注對象的形式本身。

　　康德的美學思想造成了廣泛的影響，許多類似的說法蜂湧而出。二十世紀初期，英國心理學家布洛 (Edward Bullough) 便提出了所謂的心理距離說，基本上便是重新強調康德美學的精神，但細節稍有不同。布洛認為，當我們在審美時，應該要與對象保持一定程度的心理距離 (psychical distance)。這個距離，顧名思義，是心理而非物理的，指的

並不是說我們要離審美對象幾公尺遠，而是指審美者應該避免在心理上太貼近審美對象而失去了客觀性。有一些外在因素容易會讓我們將主觀性帶入美感經驗，這些外在因素就是先前提過的非關形式的要素。唯有在心理上保持一定的距離，我們才能客觀地看見美。

二十世紀初期所謂的形式主義 (formalism) 也深受康德美學思想的影響。英國藝術評論家貝爾 (Clive Bell) 認為，藝術作品的形式比內容重要。他認為定義藝術的關鍵在於具備所謂「有意義的形式」，也就是某種重要或關鍵的結構。有意義的形式能夠喚起美感，評論家的工作就在於幫助我們發現作品的形式並享受它所帶來的美。形式之外的事物，不管是作者的人生細節或作品所處年代的政治環境都與審美無關。

康德的形式主義美學雖然有不少支持者，但也遭致不少批評。最重要的批評在於審美是否可以只侷限於事物的形式而完全不考慮外在因素。再以女神維納斯的畫像為例，我們真的可以都不用知道這幅畫的畫派、歷史脈絡還有創作背景嗎？假設這幅畫是對某種畫風的反動，在審美時不考慮或不知道這件事是不是會讓我們錯失了某個重要的環節？又或者，如果不知道作者先前創作了哪些作品，我們根本無從判斷眼前這幅作品究竟是自我超越還是自我抄襲。這些都是作品的形式無法告訴我們的事，但對審美來說似乎是重要的事。

同樣的批評也適用於自然環境的審美。當我們到自然景點遊玩時，我們似乎只在乎眼前看到的東西，我們所拍下的每一幅照片，就宛如畫框中的那些形式結構。大多數人認為

這些就是美景的全部。然而當代有不少哲學家主張,當我們在欣賞風景時,若對於景色的成因渾然無所覺,這不會是一個好的審美方式。很多風景區都會有說明告示牌告訴我們所觀看的地景是如何形成的,像鐘乳石、海蝕洞或惡地地形。如果我們僅僅只是觀看風景的形式而對於成因漠不關心,這樣其實無法真正欣賞到這些景色的內涵。知道一個湖泊是人工構築還是天然形成,很大程度上會影響到我們在湖泊身上看見的美。

事實上,當代美學愈來愈關心形式之外的因素,尤其是審美對象所誕生的「情境」或者「脈絡」(context)。康德美學所代表的是一種「去脈絡化」的審美觀,但當代美學主張脈絡化的審美觀。知道美的脈絡才能真正把握住美。作品之美如此,自然之美也是如此。這並不是說形式主義美學一定是錯的,但在當代美學中已非主流看法。

5 ｜ 懸疑小說配美酒，當代審美迸出新滋味

　　美學的英文單字是 aesthetics，形容詞則是 aesthetic，意指「審美的」或「美感的」。這個字演變自希臘文。從希臘文的字源來看，指的是「與感官有關的」，所以美學又被稱為「感覺學」。美是需要感受的，可想而知，感官在美學中扮演了相當重要的角色。

　　人有五感，包括視覺、聽覺、嗅覺、味覺與觸覺，透過這些感官知覺到的對象都可以用美來形容嗎？我們可以說一幅畫很美（視覺），一首音樂很美（聽覺），那其他感官是否真的與審美無關？另外一個問題是，有些乍看之下與審美相關的經驗似乎無法與特定感官連結。例如，我們可以說一本小說所述說的故事很美嗎？換個問法，閱讀也可以算是美感經驗嗎？這些都是本章要探究的問題。

　　從美學的字源來看，美取悅的是感官而非智性。然而，五感的地位在這方面並不均等。在日常生活中，當我們用美來形容事物時，最常指涉到視覺與聽覺經驗，這些經驗正是感官經驗的一種。事實上，中世紀哲學家阿奎納就認為美只涉及五感中的視覺與聽覺，其他都不算數。

　　雖然感官的重要性反映在美學的字源，但是從一些哲學家的說法中可以看出美似乎不只是涉及感官，還涉及某種程度的認知能力。阿奎納為何認為美只涉及視覺與聽覺，主要

理由就是這兩種感官最具認知性。上一章介紹過的康德也抱持類似的看法。當我們進行審美時，某種程度必須運用到想像力與理解力，而不只是感受，因此牽涉到認知能力。這裡我們便可以追問，美的愉悅究竟是一種感官的愉悅還是智性的愉悅。

吃冰淇淋有清涼的感覺，這是一種純粹感官的愉悅。解開數學謎題得到的則是純粹智性的愉悅。這兩個例子可視為光譜的兩端，而美的愉悅似乎座落在中間，因為美感並不像品嚐食物那樣是純粹感官性的。就像阿奎納與康德所認為的，美感涉及某種程度的認知性。如此看來，美感不會是全然涉及官能。也就是說，美的捕捉並非完全訴諸感官。

上述的想法基本上就排除了五感之中的其他三感：味覺、嗅覺與觸覺。尤其是味覺與嗅覺幾乎不被傳統美學家所接受。純粹的愉悅感，就如康德所言，留給理智的空間太少了。對美的審視仰賴一定程度的沉思與反芻，但味覺與嗅覺所帶來的感受是立即性的，是純粹的官能，因此不登美感的大雅之堂。這也說明了為何傳統美學關注的對象往往聚焦在藝術作品與大自然，因為這兩者多半是視覺與聽覺的對象，包括視覺藝術作品、音樂作品以及美景。然而，在作品之中還有一大類沒有被討論到，而這類作品要歸類為視覺或聽覺經驗的對象可能有點勉強，這類作品就是文學作品。

的確，閱讀文學作品的經驗與欣賞繪畫的經驗很不一樣。欣賞繪畫時，我們主要運用視覺來感受美；但閱讀小說或詩作時，說我們用視覺來感受美好像有點奇怪。視覺經驗是一

種知覺經驗，但是否能用知覺經驗來描述閱讀經驗，可能會有爭議。你可能會說，閱讀文學作品時，我們是用眼睛看，這難道不是視覺經驗？但是，欣賞風景畫跟觀看小說中的文字還是有很大的不同。看畫時，我們直接看到了畫中的風景；但閱讀一段描述風景的文字時，我們沒有看到風景，而是必須在內心中想像自己看見風景。

　　也許有人會說閱讀文學作品的經驗是一種聽覺經驗，因為文學作品可以朗讀出來；在讀出來的過程中，我們享受聽覺上的美感，不然怎麼會有朗讀比賽呢？這樣的說法會有一個問題，當我們在讀一本小說的翻譯版本時，顯然會得到不同的聽覺美感，因為是用不同的語言所寫成。假設這本小說被翻譯成一百種語言，那它可能會產生一百種聽覺美感；那感受到一百種聽覺美感的一百群讀者都還是在讀同一本小說嗎？

　　這裡的重點在於，不管是聚焦在視覺經驗還是聽覺經驗，似乎都沒有把握到我們閱讀文學作品時真正會關注的事。我們關心的是什麼？一個可能的說法是，我們關心這部作品表達了什麼。不管是小說、詩或散文，通常會有它想要表達的意旨或主題，我們想要了解它說了什麼。不過如果僅僅只是如此的話，似乎無法說明為什麼我們會一而再、再而三地反覆閱讀我們喜歡的作品，即使我們已經知道它要表達的事。

　　以小說為例。一本小說會讓我們喜愛，也許不單單只是它要表達的主題，還包括作者怎麼寫它。例如，史上最暢銷的小說家阿嘉莎·克莉絲蒂 (Agatha Christie) 最深受讀者喜

愛的推理小說《一個都不留》(*And Then There Were None*) 描述十個互不相識的陌生人聚集在一棟孤島的別墅，接連被殺，每個人的死亡方式都符合一首古老童謠的內容。最後十個人都死了，一個都不留，卻找不到兇手。在這本小說中，克莉絲蒂充分發揮了孤島場景的空間封閉感，利用這種封閉感來製造懸疑與緊張。此外，將天真的童謠與殘酷的謀殺做對比，這樣的結合方式也成功營造出了一種驚悚美學，成為推理小說史上的標竿之作。

作者如何說故事，如何營造氛圍，如何製造懸疑，這些都是我們在閱讀過程中會感受到的事。我們不是透過任何特定的感官來感知這些，但是我們的確「知覺」到了這些過程，因而感到美好並想重複體驗。這種感知也許可以稱為一種「類感知」(quasi-perception)。當我們進行類感知的時候，我們並非直接透過某種感官來知覺對象，而是想像式地體察作品所呈現的事物。如果我們把類感知經驗也視為是某種知覺經驗，那麼閱讀文學作品當然也可以是美感經驗，即使它不直接涉及單一的感官體驗。如果我們接受類感知的概念，將美學理解為僅僅是感官之學可能就不是那麼恰當了。

上面所說的多多少少還是奠基在傳統美學的觀點。以當代美學的發展來說，有兩個面向值得關注。首先，對於嗅覺與味覺的重視程度大大提高了。也許傳統美學家低估了這兩種感官的深度。舉例而言，針對品酒還有香氣的研究已經都是公認的專業，如果我們都認同這些領域對於品嚐與嗅聞的過程都有系統性的論述，那麼說嗅覺與味覺不涉及美感可能

就有爭議。事實上,當代美學已經發展出食物美學與品酒哲學,也有哲學家論述香水是一種藝術作品,甚至連觸覺都逐漸受到美學家的矚目。這些發展都說明了味覺、嗅覺與觸覺所帶來的可能不只是純粹的愉悅感。

　　第二個值得注意的發展在於,美學作為一種研究美的學問,很大程度上被所謂的藝術哲學 (philosophy of art) 所取代。美學在十八世紀之前並未獨立成一個領域,都是附屬在其他哲學議題的討論下。例如,柏拉圖對於藝術的討論從屬於他對於知識、政治以及形上學的論述。直到德國哲學家鮑姆加登 (Alexander Gottlieb Baumgarten) 在 1750 年出版了一本重要著作才正式將美學獨立成一個重要的哲學領域。不過後來美學討論的焦點逐漸被關於藝術的哲學問題所取代。在二十世紀之前,藝術作品大多是美的,因此美學多少還能以美的討論為主軸,也就是某種程度還能側重在感知面向。但二十世紀之後的藝術作品漸漸揚棄美感,對傳統的美學觀點構成極大挑戰。漸漸地,美感的討論不再是重點,重點反而在於許多沒有直接涉及美感的哲學問題,例如如何定義藝術、如何詮釋作品以及如何理解藝術價值。因此有人認為當代美學應該稱之為藝術哲學。當然,這不表示美學完全被藝術哲學給取代,而是對於美的討論不再是主流。在當代的討論中,為了敘述的方便起見,美學與藝術哲學兩個詞通常會做等義使用,畢竟很大一部分的作品仍舊講求美感,但這不代表關於美的討論仍是當代哲學的核心。

　　在學術的脈絡中,美學一詞也因此有廣狹義之分:狹義

的美學談的是關於美的理論（也就是真的在談「美」），廣義的美學則包含美的理論（狹義美學）與藝術哲學。一般大眾對於「美學」一詞的認知是狹義的美學；但當你聽見一個學者介紹自己的研究領域是美學時，「美學」一詞通常是廣義被使用。這時候對方指的有可能是狹義美學（研究關於「美」的哲學問題），也有可能是藝術哲學（研究關於藝術的哲學問題）。知道這點之後，我們就可以排除「美學總是關於美」的刻板印象。

6 石中劍和孔雀：「演化美學」告訴我們審美和演化的關係

我們都知道審美是人類日常生活很重要的一部分。誰不喜歡欣賞美麗的事物？但人類到底為什麼會進行審美活動？有沒有什麼根本性的原因？許多學者從科學的角度來解釋這個問題。

當我們進行審美時，我們的心智處在一種特殊的狀態：仔細感受某個對象並得到愉悅。這樣的一種活動究竟是從什麼時候開始的？考古學的證據指出，早在四十萬年前，人類的祖先可能就懂得審美。考古學家曾經挖掘到一把石英岩製作的手斧，作工精細，樣式精美，散發出暗紅的色澤。考古學家們對這把手斧的精緻程度感到驚嘆，便把它命名為「石中劍」(Excalibur)。這把「石中劍」是在墓穴中挖到的，很可能是陪葬品，而這個陪葬品似乎說明了製作者是具備一定程度的美感，這主要是從手斧的對稱性、比例、大小來判斷。

類似「石中劍」這樣的例子在考古學界還有不少，由此看來，審美活動已經具備很長的歷史。除了歷史之外，審美的範圍也值得我們考察。審美的範圍當然可以很廣，「石中劍」的例子是對於藝術作品的欣賞。大多時候，我們欣賞作品一個很大的重點就是它美不美。除了作品，另一個很常見的審美對象便是大自然。欣賞自然之美大概是週末放假期間一個很重要的娛樂。不只大自然，我們也會欣賞人體之美，

例如影星、藝人、校花、校草甚至路人。動物之美也在我們的審美範圍內，不然怎麼會有人喜歡賞鳥呢？甚至很多人認為獅子或豹是很美的動物。我們可以想像一下，在這個世界上有沒有可能有一個文化社群沒有審美這種活動，也就是說這個社群裡的人從不會去欣賞前面提到的任何一種事物的美？如果你覺得這很難想像，一個很合理的結論就是，審美是泛文化的一件事，它普遍存在於人類社群。當某個行為普遍存在、有歷史性或是能帶來愉悅，我們就可以合理懷疑這是演化而來的結果。

有一些演化心理學家以及哲學家認為，人類的審美情感與偏好是演化來的，審美活動可以讓人類繁衍得更好。用演化生物學的術語來說，所謂繁衍得更好，就是可以提高適存度 (fitness)，也就是繁殖的成功率。可以提高適存度的特徵就稱為適應性特徵 (adaptive trait) 或簡稱適應 (adaptation)。適應性特徵可以是某種行為，例如鳥類的遷徙；也可以是某種生理結構，例如長頸鹿的脖子。不管是哪一種，它都能讓個體更適應環境而存活下來，再透過遺傳而代代相傳，最終遍布於整個族群中。而那些沒有具備適應性特徵的個體當然就漸漸被淘汰了。然而，在某些情況下，選擇 (selection) 發生的單位會是群體而非個體，這在演化生物學中稱為多重選擇理論 (multilevel selection theory)。

人類對於美感的追求在藝術作品的創作中展現得淋漓盡致，因此有些學者進一步主張，藝術行為（包括欣賞與創作）也是一種適應性特徵。因此現在的問題是，人們自古以來就

會審美、欣賞與製造藝術，如何解釋這種行為？換個方式問，這些活動可以讓我們更適應環境因而繁殖得更好嗎？底下要介紹的兩位學者的答案都是肯定的。雖然他們的理論主要是要證明藝術行為是演化的一種適應性特徵，但在他們的理論中，審美扮演很重要的角色，因此底下的介紹會側重這個面向。

美國人類學家愛倫‧迪薩那亞 (Ellen Dissanayake) 認為藝術與審美的起源來自儀式與節慶活動。在這樣的活動中，人們產生了一種「把某物變得特別」(making special) 的態度。某個物件或事件在儀式中被揀選出來成為社群的關注焦點。這個物件或事件在日常生活中可能平凡無奇，但透過儀式卻獲得了特殊的意義，進而產生凝聚社群的功效。例如在國王的加冕典禮中，王冠透過儀式產生象徵意義，人們也因此而對國家更有認同感，更能一起抵禦外侮，自然可以免於威脅，整個群體也就可以繁衍得更好。如果審美活動起源於儀式，而儀式可以提高適存度，那麼審美活動就是一種適應性特徵。

反對者認為，這樣的說法並無法解釋美感的獨特性。就算審美源於儀式，這也不能推出審美等於儀式。事實上，儀式可以獨立於審美。也就是說，儀式可以沒有美感的成分，美感不是儀式的必要條件。儀式有沒有美感並不會妨礙儀式凝聚社群的功效。例如，運動比賽也可以凝聚社群，但我們一般不會認為它跟審美有直接的關係。迪薩那亞的理論頂多說明了美感的起源，但似乎無法證明審美活動是演化而來的一種適應性。

　　支持藝術行為是適應性特徵的另外一種說法由美國演化心理學家傑佛瑞‧米勒 (Geoffrey Miller) 以及認知心理學家史蒂芬‧平克 (Steven Pinker) 所分別提出。這種理論認為，人類的美感是來自性擇 (sexual selection)——也就是性選擇。以孔雀為例，雄孔雀為什麼對雌孔雀展示華麗的尾巴？因為要求偶。但華麗的尾巴可以告訴雌孔雀什麼事呢？它象徵了健康的身體。用白話一點的文字來說，雄孔雀在告訴雌孔雀說：「嫁給我就對了，因為我活得很好！也會生出很健康的小孩！」有漂亮尾巴的雄孔雀比起那些沒有漂亮尾巴的雄孔雀更能找到配偶，進而繁衍後代，把漂亮尾巴遺傳給後代。漸漸地，那些不美的雄孔雀就被淘汰了。這種選擇過程就是性擇，因為淘汰過程是奠基在擇偶成功率。若淘汰過程是奠基在個體適應環境的程度，也就是先前提過的選擇過程，那就叫做天擇 (natural selection)。

　　雄孔雀所做的事情，其實也是男人會做的事。男人會打扮自己來吸引異性。除了穿漂亮衣服或是配戴裝飾品外，還可以透過破壞身體的方式來讓自己變美，例如刺青或整形。無論是哪一種，終極目標都是跟雄孔雀一樣，展示自己的美貌來吸引潛在配偶。

　　除了打扮之外，在藝術方面有所表現也具備同樣的意義。藝術當然不盡然都是美的，但追求美是藝術很重要的一部分。男人只要在音樂、繪畫、文學等方面展現出過人的能力，這都是智力、實力以及才華的象徵，也就是具備較高的適存度。結論就是，表現出對美感的追求，更容易幫助男性找到配偶，

也因此能繁衍得更好。

性擇理論招致許多批評，其中一個批評與針對儀式理論的批評是相同的，也就是它們都無法說明美感的獨特性。有很多費力的活動與美或藝術無關，卻仍然可以與孔雀的尾巴具備相同的功能。例如，科學家跟藝術家一樣表現出智力、實力與才華，但一般認為科學與美感無關。也許男性對於美感的表現的確會影響適存度，但似乎不是必要條件。即使一個男人沒有表現出對美感的追尋，他仍然可能因為具備其他條件而吸引女性。一旦承認這點，就必須承認性擇說對美感的解釋並不完備。

性擇說還忽略了以下事實。首先，不是只有女人會欣賞男人的美，男人也會欣賞女人的美。第二，女人對美感的追求一樣會表現在藝術創作與日常生活中。第三，美感對我們的重要性還彰顯在擇偶之外的其他面向，例如都市街道的設計美不美。這些都凸顯出性擇說並未真正解釋人們為何追尋美感。這並不是說美感就因此與性無關，但美感的核心絕不會只是性。

事實上，關於美感、藝術與演化的關聯，在當代美學中是屬於演化美學 (evolutionary aesthetics) 的範疇。最主要的爭論核心就在於美感與藝術是否演化而來。人類的審美情感與偏好可能有生理基礎，而藝術行為可能是一種適應性特徵，可以讓人類繁衍得更好。反對者認為，這些活動其實與演化無關，應該看成是文化的產物。

演化美學引起了許多討論與爭論，至今還無定論。除了

上述的演化論者與文化論者的立場，還有一種是懷疑論者
(skeptic) 的立場。這裡的懷疑論指的是對於任何要將藝術與
演化扯上關係的理論抱持保留態度，認為現有證據仍不夠充
分，檯面上的理論皆有可議之處。演化美學的懷疑論者並非
反對用科學解釋藝術，但他們認為許多論者太過一廂情願，
將演化的連結強加套上。然而，懷疑論者承認，任何演化美
學的理論都不應該跟最好的科學研究有衝突。

　　演化美學由於涉及到跨領域的素材，參與的學者來自各
個不同領域，包括哲學家、科學家、人類學家、文藝理論研
究者等等，十分熱鬧，這領域的學術研究可謂方興未艾。

美與不美的藝術品：談談伊卡洛斯與噴泉

　　審美對象的範圍可以很廣泛。我們欣賞大自然的美，欣賞人體的美，當然也會欣賞藝術作品的美。但審美這件事對藝術作品來說卻十分弔詭，因為藝術作品不一定是美的，但美是許多藝術作品重要的一部分。

　　所謂審美，簡單說就是去感知對象身上的美好之處；用哲學的術語來說，就是對象身上的美感性質 (aesthetic property)。在哲學中，性質 (property) 是指某物可以擁有的特徵或特質。例如，若一個蘋果是紅色的，那麼這個蘋果便擁有紅色這個性質。在探討藝術作品之前，我們必須簡單說明一下在美學當中所謂的美感性質具體是指什麼。

　　當美學在十八世紀被獨立成一個學科後，哲學家們所關心的美感性質主要有兩種，一種就是美 (the beautiful)；第二種是所謂的崇高 (the sublime)，或稱壯美。什麼是崇高之美或壯美呢？這種美通常來自大自然。在自然美景中，有些景色讓人心生敬畏與驚嘆。例如，我們面對大海或峭壁的時候，內心除了覺得這景色很美麗之外，往往還會伴隨著一種敬畏跟悚然的感覺；或者說，這些景色暗示了某種危險與挑戰。這與欣賞鄉村景色不同。鄉村中的小橋流水表現出一種平和悠閒的感覺，但峭壁斷崖則呈現出危險感。仔細分析，後者其實帶有一種潛在的負面感受，但整體的經驗並不是負面的。

也許峭壁或大海讓我們感到危險或甚至恐懼，但我們並不會覺得它不美，相反地，我們可能還會覺得是世界級美景，因為實在太壯麗了。

在這裡必須再次提醒的是，說峭壁讓我們感受到壯美，這意思是說峭壁本身具備壯美的性質，而我們透過感官知覺到它，因而產生美感經驗。也就是說，美感性質是內在於審美對象之中的，它是對象客觀上具備的特質，能觸發審美者內心相應的感受。要正確捕捉到審美對象的美感性質，我們必須具備正確的審美態度。例如，對康德來說，正確的審美態度是無私的，審美者必須屏除一切私慾、利益與目的，關注在對象的形式上。然而對當代很多哲學家來說，正確的審美態度不能只是關注作品的形式。

不論是美還是壯美，都是正面 (positive) 的美感性質，但美感性質其實也包含了負面 (negative) 的性質，例如醜。當代哲學家進一步將美的概念做了更細緻的梳理與擴張，爬梳出更具體的美感性質。這些性質都是我們審美時可能會用到的形容詞，用以形容審美對象具備的特徵，例如平靜的、陰沉的、動人的、欣喜的、優雅的、陳腐的、俗麗的、秀麗的、醜陋的……等等。可以看出上述這些美感性質的確包含了正面與負面的性質。有些哲學家認為，關於正面的美感性質，廣義上還是可以包含在美與壯美這兩大類。例如，某物若是優雅或秀麗的，那它通常也會是美的；若某物是怪異的、悲劇性的或動人的，那麼可能就與崇高之美或壯美有相通之處。

一般說來，哲學家會認為美感性質是一種二階性質

(second-order property) 或高階性質 (higher-order property)，這是因為這些性質奠基在其他與美感無關的一階性質 (first-order property) 上。一幅鄉村風景畫會表現出祥和的美感性質，這是因為線條的組成、構圖與色澤所導致，這些元素拆開來看不會產生祥和感。用哲學的術語來說，祥和這個美感性質是隨附 (supervene) 在線條、構圖與色澤這些一階性質上。這些一階性質就是所謂的非美感性質 (non-aesthetic property)。當某物隨附於另一物，意思是說只有在後者改變時前者才會改變；按照這樣的說法，只有當一階性質改變時，二階性質才會改變。

如果審美的目的就是要捕捉美感性質，那麼在藝術作品中我們往往可以發現很多這樣的性質。例如，有些畫很典雅，有些看起來很陰鬱；有些音樂很動聽，有些旋律很怪異；有些小說很沉悶，有些具有悲劇性。不管是正面或負面的美感性質都充斥在作品中，成為我們欣賞作品很重要的一部分。但藝術作品的賞析是否只在於審美？這是個值得我們細細思考的問題。

假設一幅畫中出現了鴿子。再假設從各種線索看來，畫中的鴿子應該是象徵和平。這樣的象徵意義算是美感性質嗎？顯然不是，因為它與美感無關。但象徵是藝術作品中很常見的手法，若錯失了象徵意義，往往也就難以完整或正確地欣賞作品。更別提我們在欣賞藝術作品時，也常會很在意是否有看出作品的象徵意義。此外，作品常常會使用典故，例如《伊卡洛斯的墜落》(*Landscape with the Fall of Icarus*) 這幅十

六世紀的名畫，畫中展示了海邊悠閒的風景，一名農人在海邊的山丘上耕田，空中有飛鳥，海上有船隻。上述這些都很容易被觀者發現，但畫的右下角有一個很不顯眼的事件正在發生：海面上疑似有人落水，只露出了腿。若對希臘神話不了解的人便無法明白海中的那人是誰，背後又有什麼故事，更不可能對整幅畫想要表達的意義有所掌握。伊卡洛斯是天才建築師戴達羅斯 (Daedalus) 的兒子。戴達羅斯父子後來因故被米諾王困在戴達羅斯自己設計的迷宮中。為了逃亡，戴達羅斯做出了可以飛翔的翅膀，讓兩人可以從海上逃離。戴達羅斯警告伊卡洛斯不能飛得太高，因為陽光會溶掉翅膀上的蠟。但伊卡洛斯套上翅膀後，因過於自滿而無視父親的警告，高高飛起，最終因羽翼溶解而墜海死亡。《伊卡洛斯的墜落》這幅畫因此呈現出許多悲劇發生時，大部分的人們是一無所知或漠不關心的。如果我們不知道標題的指涉，我們可能只會單純以為有人溺水，或甚至在戲水。

我們還可以舉更多例子。一個作品有沒有原創性是取決於先前有沒有類似的作品；一個作品有沒有顛覆性是取決於有沒有推翻先前作品所建立的慣例；一位作者有沒有自我抄襲或是自我超越則是取決於他先前創作了什麼樣的作品。要知道一個作品有沒有致敬的意味，必須存在被致敬的作品。凡此種種，不論是象徵、用典、原創性、顛覆性、抄襲、超越、致敬……等等，這些作品的性質都不是美感性質。這些性質不但不是我們可以直接透過感官從作品身上察知的，也不是單純來自作品的一階性質或非美感性質。《伊卡洛斯的墜

落》之所以具備用典這個性質，不僅是源於圖畫的線條構成，更是因為其構圖與標題指向作品之外的事物，也就是希臘神話中的故事。換句話說，這類性質是來自作品與其外在事物的關係。只有當我們考慮作品與作品之外的事物的關係，我們才有辦法認知到這些性質。

　　上面提到的這些性質顯然在藝術作品的賞析中扮演十分關鍵的角色，甚至可以說，在很多時候其重要性超越了美感性質。哲學家把這些性質稱為「藝術性質」（artistic property）。很多時候我們對作品的關注點都在藝術性質上，更別提很大一部分前衛藝術的作品根本與美感無關，例如杜象惡名昭彰的作品《噴泉》。這個作品挑戰了藝術作品一定要有美感的美學觀點。哲學家之所以會探究美感性質，一部分原因是藝術作品在傳統上相當重視美感；可以說，創作藝術就是為了要創作出美的作品。但藝術也不斷在顛覆自我，像《噴泉》這樣的作品就顛覆了「藝術作品一定要有美感」的原則。前衛或概念藝術往往側重在想法或概念的傳達，而非美感。

　　美感性質與藝術性質的區分也劃出了兩個陣營。一派認為對藝術作品的欣賞，其重點在於審美，也就是透過作品身上可知覺到的特徵來感受美。另一派認為藝術作品的欣賞不會只侷限於審美，還包括對於藝術性質的掌握。如果我們無法掌握到作品的原創性、抄襲或用典，單單只是感受作品的美感性質，這樣賞析作品的方式不但不恰當，可能還會流於表淺。

　　並不是每一個哲學家都會做出上述的術語區分。有些哲學家直接用美感性質這個詞來囊括所謂的藝術性質；也就是說，把美感做非常廣義的理解。這不代表這些哲學家否認這兩類性質可以嚴格區分；而是說，如果美感與欣賞有關，那麼不論是美感性質或藝術性質都是與欣賞有關的性質。如此一來，繼續沿用美感性質一詞似乎也無不妥。但這種廣義的用法往往只是為了行文的方便起見。

　　上述討論給我們一個重要的啟示。對藝術作品來說，更重要的概念也許是欣賞而不是審美。我們從作品中發現許多值得玩味的特徵，這些特徵不見得與美感有關，即使美感常常是我們關注的焦點。

8 小確幸落伍了，小確「美」才重要！倒垃圾也有美感經驗

之前談過，審美對象可以很多樣化。例如，我們會欣賞藝術之美與自然之美。在當代美學中，對藝術作品的討論佔據了哲學家大部分的注意力，對大自然的討論則次之。但本章要介紹的，不是藝術作品也不是大自然，而是日常生活。其實美感遍布於日常生活，只是我們往往沒有特別留意。這種觀點稱為生活美學 (everyday aesthetics)，一個在當代美學中逐漸受到矚目的領域。

前面提過，最常見的審美對象是藝術作品與大自然。事實上，這兩樣事物在我們的日常生活所佔據的時間沒有想像中的多。你可以仔細考察一下自己一天的生活是怎麼過的：早上一大早起來，吃過早餐就趕去上班，工作一整天，接近傍晚時下班，下班後吃個晚餐，晚餐後看個電視或用個電腦／手機，接著就躺在床上不省人事了。這還算好，有些人可能加班到很晚才回家，洗完澡倒頭就睡了。這樣的一天跟藝術作品或大自然有關嗎？有機會審美嗎？也許你晚餐後看電視或用電腦時會看個影集，就算影集是藝術作品的一種，你頂多看一兩個小時，在一天中所佔的比率實在低得可憐，況且應該也不是天天看。

大部分人真正會去接觸藝術作品或大自然的時候，大概只有週末。如果我們把藝術的概念收窄，只談視覺藝術、戲

劇或音樂表演，那恐怕有超過一大半的人都沒有在接觸藝術。結論是，在一般人的生活中，欣賞藝術與自然風景的時間其實不多。也就是說，我們其實沒有耗費太多時間在審美上。這聽起來好像有點悲情，畢竟我們應該都會覺得美是生活中很重要的一部分。一個不懂得審美的人，或是沒有鍛鍊審美能力的人，似乎在文化的涵養以及品味的培養上就遜色不少，不然政府怎麼會常常強調並持續推動美感教育呢？可是如果我們與美邂逅的機會不多，又要怎麼去培養美感？提倡生活美學的哲學家認為，美不是只存在於藝術作品與大自然中，其實生活中處處有美等待我們去感受。

　　生活美學的想法可追溯回美國哲學家杜威 (John Dewey) 關於美感經驗的論述。杜威可說是二十世紀前半葉美國最有影響力的知識分子之一，他的思想橫跨教育理論、哲學以及心理學。杜威在 1934 年出版了一本書，叫做《藝術即經驗》(*Art as Experience*)，這本著作後來成為美學的一本經典。在這本書中一個很重要的論旨是，藝術作品的美感面向是源於日常的生活經驗。從他的論述中可以推導出，我們在藝術作品中所尋得的美感，事實上在日常生活中也能得到。

　　杜威認為，人的生活是一個不斷尋求和諧與融洽的過程。我們感受到不舒服或不滿足時會試圖改變這種狀況。例如，肚子餓了就吃東西，感覺冷了就穿外套，精神不好了就休息。在調整與改變的時候，因為不舒服的狀態被解除了，我們便經驗到一種滿足感。我們對藝術作品所產生的美感經驗，其中的滿足感便是源自人性中的這種基本機制。這並不是說日

常生活中的所有經驗都是美感經驗，而是說美感經驗的根源在日常經驗。杜威進一步給出了幾個條件，必須滿足這些條件才能說所擁有的經驗是美感經驗。

　　首先，經驗本身必須具備統一性 (unity)。沒有統一性的經驗會顯得零散，意思是說，經驗中的元素之間沒有具備有意義的連結關係，也沒有明確的範圍。杜威認為當我們擁有這種經驗時，比較像是處在一種漂泊的狀態。如果你四處漂泊，你經過的城市之間不會有明確的連結，因此沒有統一性；你的漂泊也沒有真正的範圍，因為漂泊就是一種漫無目的的持續。按照杜威的看法，這樣的經驗不能說是具備美感。相反地，如果某個經驗具備統一性，這意味著在這個經驗之中有某種性質貫穿經驗中的不同元素，使得不同元素得以被統合。這樣的統一性某種程度也來自經驗者對結局的預期。此處論及的結局是一種完滿，代表某件工作被完成，因而帶來滿足感。這種滿足感會讓經驗者在過程中不斷期待並渴望。統一性某種程度也預設了組成元素的複雜度 (complexity)，因為元素過少談統合便沒有太大意義。這意味著內容過於簡單的經驗便不符合杜威對於美感經驗的標準。

　　統一性與封閉性 (closure) 息息相關。說一個經驗具備封閉性，指的是說這經驗有明確的範圍，也就是有起點與終點。流浪的經驗或許有起點，但終點卻不明確，連流浪者自己都不知道何時會結束。但杜威對於封閉性的要求不僅只是要有明確範圍，其中的元素還要有一定的進程：持續發展並往高潮推進。經驗中的元素不是單純排列堆疊，而是有層次地朝

向某個終局演進。這就可以解釋為何統一性條件提到經驗者對於經驗元素會有預期。

顯然，對藝術之美的欣賞符合這樣的描述。當我們在聽交響樂表演時，我們的聆聽經驗具備統一性、複雜性與封閉性。曲子演奏的整個過程都是由樂器產生的聲音交織而成，縱然有不同樂章以及不同樂器的區分，但整體的聽覺經驗都是出自同一樂團演奏的同一首曲子。我們知道曲子會有一個終結，而不是中斷；在聆聽的過程中我們等待著結局的到來，而曲子的編排有進程與複雜度。當演奏結束的那一刻，滿足感湧現心中，代表我們專注的聆聽得到回報。我們可以用同樣的方式考察日常生活中的例子，例如馬拉松。馬拉松的經驗具備統一性，當然也具備明確的起點與終點。在跑馬拉松的過程中我們會對結局有預期，而我們在經驗的過程也會在意結局帶來的完滿。此外，跑馬拉松是個漫長的過程，這意味著整個經驗是複雜的整體。

另一個美感經驗必須具備的條件牽涉到經驗者對於經驗內容的覺察 (recognition)。杜威在此區分了「作為」(doing)與「經歷」(undergoing) 兩種不同的概念（或者翻譯成「做」與「承受」）。例如，一個人舉起了一顆大石頭，這是一件作為；舉起石頭後，感受到石頭的壓力、質地與重量，這是一種經歷。這樣的經歷可能會導致搬石者放下石頭，這本身又是一件作為。放下石頭後感到手臂的放鬆，這又是一種經歷。在這樣的過程中，作為與經歷會交替發生，互為因果，構成了經驗的結構與模式。當一個人清楚地認知、意識到經驗中

作為與經歷的相互關係，這經驗就有機會成為美感經驗。舉例來說，一個做白日夢的人並不能說是有美感經驗，因為做白日夢的過程不但缺乏作為與經歷的交互影響，做夢者也無法認知到這種不存在的關係。但是解開一個問題的經驗就不同。假設你今天訂購了一個需要自行組裝的桌子，收到桌子後你把零件分類好，這是一個作為。接著你開始按照說明書的指示進行組裝，把桌腳與桌面裝起來，並將螺絲拴緊。在這個過程中，因為螺絲孔的角度、螺絲的大小以及桌腳的重量讓你感受到組裝的不易，這個部分就是經歷；這樣的經歷讓你做出下一個動作，例如重新調整桌腳或螺絲的角度。在這個過程中，作為與經歷不斷交替，你必須高度意識到這兩者之間的關係，才有辦法進行組裝；如果你迷迷糊糊，心中想著其他事情，沒有全心投入組裝，那麼不能說你有認真「覺察」正在發生的經驗。這種對經驗中作為與經歷的高度認知便是某經驗之所以具備美感的重要條件。

同樣地，藝術作品的美感經驗涉及對於作品的主動覺察，而非只是被動接收刺激。以音樂為例，聽一段旋律，這是一個作為；聽了之後產生情感反應，這是一個經歷；帶著情感再聆聽，這又是一個作為，如此反覆，構成覺察的過程。簡單說，覺察經驗就是要用心品嚐你自己在做的事。

我們可以看到，杜威對於經驗是否能具備美感有嚴格的限定，並不是隨隨便便一個日常經驗都可以被視為是美感經驗。然而，近年來一些哲學家放寬杜威的理論，進一步主張日常生活中充斥著美，即使是一些看起來微不足道的小事也

能讓我們體會美感。例如，天氣冷的時候，我們用雙手捧著裝熱牛奶的馬克杯取暖；或者是電腦用累了，轉頭看看窗外池子中的小鴨在水上游來游去；甚至垃圾車來的時候，把垃圾丟出去也可以是一種美感經驗。這些不見得符合杜威前面提過的條件，但如果我們把杜威的標準放寬，這些看似瑣碎的小事就可以成為美感經驗。如此一來，美在生活中就俯拾即是。

關於生活美學，不論是比較嚴格的版本還是比較寬泛的版本，共同精神都是將美感經驗拓展到日常生活中。美感經驗不是只存在於像美術館這樣的文化沙龍，它與我們的生活息息相關。如果我們多用點心體會日常生活中的美，不但生活的質感會提升，我們的心性也可能會因此變得更加細膩。處處感受生活中的美也會替我們的人生帶來更多滿足感。這樣的人生是不是值回票價呢？

9 體液都可以當藝術品？美的感受不是藝術作品的唯一價值

　　對美的追求是大部分的藝術家在創作作品時一個非常重要的目的，對欣賞作品的人而言也是如此。不過當代很多創作者反其道而行，創作出許多不美的作品，甚至是會讓我們感到迷惘、驚嚇、恐懼或不知所措的作品。這是二十世紀藝術創作一個有趣的趨勢，藝術家紛紛從美「出走」。

　　一些創作不美藝術品的作者喜歡用血來當作題材，例如美國藝術家安德烈・塞拉諾 (Andres Serrano)。塞拉諾有一系列的攝影作品稱為《血與精液》(Blood and Semen)，在這一系列的照片中，我們可以看見兩種體液以不同的方式交相混雜；畫面中沒有具體的發生情境，只有液體流動或潑灑的抽象形式。如果我們知道這系列作品的創作年代是愛滋病開始引起國際注目之時，以及照片中的血實際上是經血，我們便隱隱約約可以察覺這系列照片所想要表達的意涵。這樣的作品可能不會讓觀者感到舒服，光是一大片血紅就足以讓人驚駭。但用血來當成作品的亮點，在藝術中其實並不少見。為什麼會這樣呢？有一些有趣的緣由。

　　首先，血與顏料很相似，不但色澤相似，而且都具有黏稠度，可以用來塗抹並留下痕跡。這或許也說明了為何在偵探推理作品中，不管是兇手還是被害者都常常用血來留下訊息。例如在福爾摩斯探案第一本長篇《血字的研究》(A

Study in Scarlet)，兇手就在牆上用被害者的血留下了謎樣的訊息。此外，在丹·布朗 (Dan Brown) 的暢銷推理作品《達文西密碼》(*The Da Vinci Code*) 中，被害者死前也用自己的血留下了破案訊息。

另一方面，血也富含象徵意義。血代表生命的精髓，畢竟失血過多就會死亡。血也可以象徵高貴，例如耶穌的聖血。床單上的血可以象徵失去童貞或是進入成年。最後，血也可以帶來危險的感覺，例如梅毒或愛滋病患者的血液。

上述這些血的特性，使得血變成一個受歡迎的創作題材。但不只血液，還有其他元素也會擾動我們的不安感。回到剛剛的攝影師塞拉諾，在他的《血與精液》系列中，還有精液這個元素。精液跟血液一樣，也是體液的一種。事實上，塞拉諾正是喜歡用體液作為題材的一位藝術家，除了血與精液，他還用過母乳。而他最知名的作品《尿浸基督》(*Piss Christ*) 則用到了尿液，而且是他自己的尿液。

《尿浸基督》是塞拉諾於 1987 年製作的攝影作品，照片中的核心物件是耶穌受難像，也就是耶穌被釘在十字架上的場景。受難像襯托著暗紅色背景，籠罩在昏黃的光暈裡，畫面中可見耶穌沐浴在潑灑而下的水珠之中。從作品標題《尿浸基督》可以得知照片中的液體是尿液，而根據塞拉諾所言，那正是他自己的尿液。

這部作品引起軒然大波與公眾撻伐，不少人怒斥，怎麼可以對著神聖高貴的耶穌撒尿呢？這不是褻瀆嗎？尿液與血液不一樣。前面提過，血液至少有高貴的象徵，在古典的作

品中還可以用來象徵殉道者的犧牲，其宗教意涵與道德意味是明確的。但尿液是世俗的，是汙穢的，與高貴典雅完全相反。在塞拉諾的作品中我們不但看不出任何對宗教的虔敬，反而只有下流的褻瀆。美國參議員傑西‧荷姆斯 (Jesse Helms) 就對塞拉諾做了如下評論：「我不認識安德烈‧塞拉諾先生，而我希望永遠不會有機會認識他。因為他不是藝術家，他是一個蠢蛋。」面對公眾的譴責，塞拉諾自己的說法是：「我沒有料到《尿浸基督》會招來軒然大波，因為我沒有瀆神也沒有冒犯的意思。我一直都是個天主教徒，所以我是基督的信徒。」

並不是所有人都對《尿浸基督》抱持否定態度。藝術評論家露西‧利帕 (Lucy Lippard) 就持相反看法。她從三個角度來分析該作品：形式、內容以及脈絡。

首先是作品的形式。利帕認為觀眾並沒有好好研究照片的細節。這張照片雖然不是以美感為主，但並非不值一看。耶穌受難像在畫面的中心，顯得巨大，也呈現出一種漂浮感；受難像襯顯在玫瑰色的背景與昏黃光暈之中，同時散發出預兆感與榮耀感，非常符合受難像的宗教形象。畫面中撒下的水珠看起來像星雲，有朦朧的美感。這些形式上的特徵都被觀者給忽略，忽略的最大原因當然就是我們知道一個驚人的事實，如標題所揭露的，那液體是尿液，而這尿液破壞了一切。

但是事情沒那麼簡單，要解讀《尿浸基督》，只看作品的形式是不夠的，我們得深入作品的內容。利帕提醒我們，在

天主教中，身體的受苦與體液都有很重要的意義：血與頭骨在聖徒或神蹟的故事中有其重要的象徵意涵。塞拉諾本人是天主教徒，他應該對這些宗教意涵知之甚詳。從這個角度來看，《尿浸基督》所要傳達的意義可能與表面看來完全相反。照片中的耶穌正在受苦，但這不是因為他被作者褻瀆，而是在塞拉諾成長的環境中，他深刻感受到宗教的高貴以及耶穌的神聖性正被當代文化侵蝕。許多教徒並沒有真正恪守天主教的核心價值，而是虛有其表。宗教被商業化也被廉價化了，造成這些結果的人才是真正在耶穌身上撒尿的人，也才是真正褻瀆耶穌的人。換句話說，《尿浸基督》要抨擊的不是宗教本身，而是當代墮落的宗教體制。如果我們在這張照片中看到的只有作者本人撒泡尿在耶穌身上，那我們只看到表面，而忽略了背後深層的意涵。

利帕進一步從作品的脈絡來論述。我們必須將塞拉諾的作品置放在更宏觀的藝術史上來審視，才能更明確地看到它的內涵。塞拉諾本人坦言他的創作受到西班牙藝術傳統的影響非常深遠，這種藝術傳統其中一個特徵是暴力與美感的結合。塞拉諾尤其推崇畫家哥雅 (Francisco Goya) 的作品。哥雅曾經歷拿破崙戰爭，許多作品描繪戰爭帶來的動蕩不安與殘酷，例如他在 1814 年的名畫《1808 年 5 月 3 號》(*The Third of May 1808*)，畫中拿破崙軍隊槍殺反抗者的畫面震撼了許多人。這種殘酷也反映在哥雅更晚期的作品，也就是著名的《黑色繪畫》(*Black Paintings*) 系列。這系列的畫作呈現出陰暗恐怖的特質以及對人性的絕望，可能與哥雅的身體狀況有關。

他早在 1793 年就因不明疾病而耳聾，自此作品風格轉為陰沉悲觀。例如，《農神吞噬其子》（*Saturn Devouring His Son*）描繪希臘神話中的農神因懼怕被自己的孩子推翻王位，而將孩子們一一吃掉。畫中的農神披頭散髮、表情猙獰，不像神而像妖怪，血盆大口地啃食著自己的孩子，極為可怖。這種令觀者感到驚駭的特質被塞拉諾給繼承了下來。初看《尿浸基督》時，大眾的確感到驚駭，這種驚駭源自道德質疑，亦即，這樣褻瀆神祇是對的嗎？這就如同我們在看哥雅的畫作時可能會有的驚駭與道德質疑：這樣吃掉自己的孩子是對的嗎？如果我們注意到塞拉諾與哥雅的關聯，便更能明白《尿浸基督》在風格上的繼承關係。

　　塞拉諾的作品給我們一個非常重要的啟示：當代許多藝術作品的重點其實不在於美的感受，更在於作品背後的隱藏意義。要準確捕捉到作品傳達的訊息，僅僅只是感受作品呈現出來的美感是不夠的，我們需要更多外在資訊來解碼。這些外在訊息包含關於藝術家本人的資訊以及作品的脈絡。在《尿浸基督》的例子中，作品本身可以說幾乎沒有美感，如果我們不知道作者本人的宗教背景、創作理念、創作時的社會現況以及藝術史上的精神繼承，我們幾乎不可能看出這部作品的意涵。這種解碼遊戲就是當代許多藝術作品所提出的挑戰。對欣賞者而言，欣賞作品不能再像形式主義者那樣只關注作品的形式，而必須認知到作品之外的許多事物。

　　這種藝術創作的轉向當然可以解釋為對於創作的摸索與突破，但也可以從商業角度來看。在當代的商業模式與消費

體制下，藝術家成為提供商品的人，而我們則是消費者。從
商業運作的邏輯來考慮，如果作者無法提供吸引消費者眼球
的東西，那就無利可圖。提供美感已成為陳腔濫調，要吸引
消費者，作者需要提供更加重口味的商品。能夠讓人感到震
驚的作品當然會是首選，因為當你感到震驚或衝擊，你的目
光已經被作品吸引了，這可稱為作品的「衝擊價值」(shock
value)。現在許多作品追求的是這種價值，但這也不代表作品
因利益考量就失去藝術價值。就如同我們所見到的，《尿浸基
督》或許是追求衝擊價值一個很好的例子，但在我們充分了
解這個作品後，應該可以同意它有一定程度的藝術價值。商
業市場與好的藝術並不衝突。

10 瘦比較美還是胖比較美？從哲學角度看看「品味」的標準

　　你覺得自己的品味好嗎？是否曾經有人批評過你的品味呢？你同意對方的批評嗎？品味到底是什麼？本章要來檢視這些有趣的問題。

　　品味的比較是一件很常見的事。有些人穿衣服很有品味，有些人衣服的穿搭讓人翻白眼。有些人吃東西很有品味，不會把味道不合的東西混在一起吃。有些人對藝術很有品味，聽的音樂、看的書都跟大眾流行的不同。每個人都有自己的品味，也會評價別人的品味。但是很多人大概會覺得，品味這件事因人而異，沒有絕對的標準。就算你覺得聽古典樂比聽流行樂有品味，你也不會特別去跟喜歡流行樂的朋友爭論。你頂多覺得人各有所好，所以這件事沒有什麼進一步討論的空間。

　　但是品味在我們的生活中所扮演的角色並沒有這麼單純。很多時候，品味代表社群共享的價值觀，這樣的價值觀往往會變成一種秩序感，進而促使我們去改變我們認為不對的秩序。想像一下，如果臺北 101 不是現在這種摩登造型，而是一隻翹著尾巴在搔癢的巨型猴子，市民是不是會集體抗議呢？這樣的例子並非憑空想像，2016 年臺北燈會的主燈「福祿猴」曾經引起軒然大波。許多人認為「福祿猴」實在太醜，破壞了燈會的品質，應該撤換，這件事還上了新聞。

這些例子多少都說明了品味不完全是私人的事情，社群的品味很多時候就跟道德觀一樣，是社群共識的一部分，當個人品味在公共面向上違背了共識，很容易就會面臨指責與挑戰。

也許有人會認為，只要脫離公共議題，品味的差異仍然沒有太大重要性，因為我們私下有什麼樣的品味別人根本管不著，但這一樣是把問題簡化了。想想看，你會在意自己的小孩聽什麼音樂、讀什麼小說嗎？你會在意小孩怎麼打扮自己嗎？如果你覺得聽流行樂是一種墮落，或者刺青是一種邪惡，你會容許小孩做這些事嗎？或者如果你的父母這樣想，你是不是會覺得他們的想法有問題？這些例子顯示了品味不會僅僅只是一種超脫世俗的個人偏好。作為社群的一分子，我們會希望能達致某些共識或者價值觀，品味常常會是其中一項。

但是關於品味重要的一個哲學爭論也就在於此。當我試著說服你接受我的品味時，這過程到底發生了什麼事情？這是一個論理的過程，還是只是一種情緒的感染？例如，會不會只是因為你是我的朋友，念在我們的友情，我也說服自己喜歡上你推薦給我的歌曲？有時候會有一些外在因素促使我們改變品味。例如，如果醫學報導說懷孕的媽媽聽古典樂會對未出生的小孩有良好影響，你可能會因此讓不喜歡古典樂的自己漸漸接受古典樂。但我們大概很難說在這個狀況下你打從心底愛上了古典樂，因為此處你是基於音樂本身之外的理由而改變品味。

我們來看看一個改變品味的具體例子，這個例子由哲學

家羅傑‧史庫頓 (Roger Scruton) 所提供。假設我們兩人在討論印象派畫家詹姆斯‧惠斯勒 (James Abbott McNeill Whistler) 的畫作 《灰與銀的夜景》 (*Nocturne in Grey and Silver*)。這幅作品呈現出城市裡濃濃的夜幕，夜幕中有朦朧的燈火搖曳。你認為這幅畫無意探討深層的現實。畫中朦朧的夜幕掩蓋了塵世的勞苦與紛擾，灰與銀的色調暗示了夜晚的超脫與歡愉，畫家呈現的正是我們對夜晚的印象。但我試著說服你從另一個角度來看這幅畫。這幅畫的色調恰恰說明了是人類的作為讓這個世界墮入黑暗。夜景在工業革命之前並不存在。工業革命後資產階級過著悠閒的生活，晚上在客廳聽著鋼琴演奏作為娛樂，夜間的火光與濃濃的黑暗形成強烈對比。因為有了人為的燈光才產生了夜景，黑暗之中暗藏的是工業革命帶來的剝削與勞動。如此看來，這幅畫並非是單純呈現我們對夜的印象，而是要傳達強烈的社會批判。

如果你接受我的說法，從另一個角度來看待這幅畫，你可能會因此喜歡上惠斯勒的作品。這種改變代表了什麼？在這個案例中，我對作品提出一個不同的詮釋 (interpretation)，而我透過說服你接受這個詮釋來讓你對作品產生不同的美感經驗，進而改變了欣賞畫作的品味。用哲學的術語來說，我透過提出一個論證來改變觀者對審美對象的美感經驗。這其實就是說服別人接受自己品味的一個標準流程。

說到這裡，可能有人會質疑這樣的論理方式是否有客觀性，是否奠基在普遍的審美標準。畢竟，品味是根源於文化，而文化沒有普遍性；相反地，文化正是因為具備差異性才得

以存在。你大概很難說服不同文化的人接受你的品味，因為在你的論證當中所涉及的品味標準不見得放諸四海皆準。也許在某個文化中，胖才是美，懂得欣賞胖的人才是有品味。如此一來，「瘦就是美」的前提對這個文化的人來說是沒有說服力的。回到惠斯勒的例子，也許某個文化社群對夜晚的看法十分不同，對他們而言，黑夜少有負面的涵義。如果是這樣，他們不見得會認同剛剛所提到的工業革命的解讀。

但文化差異性也無法成為壓倒性的反駁，因為反過來說，除了文化差異性，我們也可以找到很多跨文化的共同性。例如，我們大概很難想像有哪一個文化會認為對稱、和諧、秩序感這些性質無法帶來美感。如果跨文化的品味標準的確存在，那麼品味不是客觀的說法就不盡然正確。

上述的討論也帶出了對品味客觀性的第二個反駁：在品味的討論中，任何一個可以用來支持審美判斷的理由都可以被反駁。當一個人說：「因為瘦，所以美。」永遠都有人可以說：「因為瘦，所以不美。」這樣的現象在科學推理中不太可能出現，因此品味並沒有客觀性。但也許我們可以說，審美判斷追求的並不是普遍性 (universality)，也就是要所有人必須 (must) 接受某個結論，就如同我們必須接受科學定律一樣。倒不如說它給了我們另一種選擇，也就是呈現了另一種美感經驗，並且說服我們這樣的經驗有價值。

最後一種反對品味有客觀性的說法認為，在藝術的領域中，挑戰規則與慣例往往被視為是具備原創性的表現，如果品味有客觀性可言，那麼創作者就沒有超越的對象，藝術創

作也就沒有自由可言，因為這代表美存在規則。

　　蘇格蘭哲學家休謨 (David Hume) 有一篇非常著名的論文，叫做〈論品味的標準〉(Of the Standard of Taste)，可以用來回應以上的反駁。休謨用一個小故事來討論這個問題。我把他的故事稍作潤飾重述如下。話說兩名品酒師受邀去一場晚宴，準備要品評主人家的一桶陳年好酒。會場上觀眾鼓譟地想知道，誰才能嚐出酒的滋味以及誰才是真正的品酒專家。第一位品酒師嚐了一口酒，表情慎重，細細品味：「這的確是好酒，但美中不足的是酒中有皮革味。」這時觀眾哄堂大笑：「酒怎麼會有皮革味？在開玩笑吧！」第二位品酒師一樣嚐了一口，很快地進入了沉思狀態：「我贊同這是好酒，但很可惜，酒中有一絲金屬味。」觀眾再度哄堂大笑：「連他也在開玩笑！」宴會尾聲，酒桶中的酒被喝光了，眾人赫然發現桶子的底部躺著一把繫著皮帶的鑰匙。原來兩位品酒專家真的都是高手，他們都沒說錯。

　　我們必須要知道「品味」(taste) 這個詞可以有兩種涵義。字面意義就是味覺。以味覺而言，似乎存在著客觀的標準。就如同上述休謨的故事所呈現的，當眾人發現繫著皮帶的鑰匙，他們就明白兩位品酒專家說的都是正確的。當某人說一杯飲料喝起來有巧克力的味道，他可以透過指出飲料成分中有巧克力來支持他的說法，而這樣的證明應該是所有人都能認同的。對美的鑑賞能力——品味的另一種涵義——有這種客觀的標準嗎？

　　休謨認為答案是肯定的。按照他的看法，品味的標準是

由一群可靠的鑑賞家所決定，所謂可靠是指不受任何偏見汙染而且具備良好的訓練與薰陶。滿足上述條件的一群人所達成的共識就構成了品味的標準。但這不代表品味的標準就如同科學定律般客觀，獨立於我們的心靈而存在。休謨認為品味來自人主觀的情感，是主觀的情感讓事物染上了美的色彩，而非事物本身具備某些特性而讓我們感到美。換句話說，品味是一種偏好，這種偏好是審美判斷的前提而非結論。鑑賞家的品味反映了他的人格特質，例如敏感度以及洞察力。因此我們應該將重點放在鑑賞家身上的特質，而非事物身上的特質。後者是一條死胡同，因為我們永遠找不到標準答案。

休謨理論的好處在於，即使承認品味是主觀的偏好，我們仍舊可以談論作品的好壞，而且好壞並非由任意的個人來決定，而是由專家來決定。不過，他的說法否認了美是對象身上客觀持有的性質，這與我們先前提過關於美的原則有所牴觸。對於這個問題，美學家有很多爭論。但無論如何，針對品味之標準的問題，休謨還是提供了一個可能的解答。

參考書目

英文參考書目

Davies, S. 2012. *The Artful Species*. Oxford: Oxford University Press.

De Brigard, F. 2010. "If You Like It, Does It Matter If It's Real?" *Philosophical Psychology*, 23(1), 43–57.

Freeland, C. 2003. *Art Theory: A Very Short Introduction*. Oxford: Oxford University Press.

Kim, J. 2006. *Philosophy of Mind*. Colorado: Westview Press.

Nozick, R. 1974. *Anarchy, State, and Utopia*. New York: Basic Books.

Scruton, R. 2011. *Beauty: A Very Short Introduction*. Oxford: Oxford University Press.

Stecker, R. 2003. *Interpretation and Construction: Art, Speech, and the Law*. Malden, MA: Blackwell.

Vaughn, L. 2013. *The Power of Critical Thinking*. New York: Oxford University Press.

中文參考書目

王文方 (2008)。《形上學》。臺北。三民。

Yves Bossart (2015)。《如果沒有今天，明天會不會有昨天？》。區

立遠譯。臺北。商周出版。

Andrew Pessin (2017)。《哲學家如何看待神：從柏拉圖到海德格、道金斯》。梁永安譯。臺北。立緒。

哲學與它們的產地：為青少年寫的哲學史飛行手冊（上）
Cibala　著

只有在歷史課上聽過希臘三哲？會背「我思故我在」但不知道由來？那還不快點參加這次的哲學史校外教學？我們將從古希臘海岸出發，經過中世紀大教堂，最後參觀科學革命博物館，五十篇導覽，包你讀懂哲學史！

哲學與它們的產地：為青少年寫的哲學史飛行手冊（下）
Cibala　著

沒聽過存在主義？後現代就是在現代的後面？校外教學該繼續了！從啟蒙大飯店離開之後，我們會去最終站：哲學遊樂園！有現象學迷宮、存在主義鬼屋與後現代禮品店，五十篇導覽，包你讀懂哲學史！

教室裡有一頭大象——思考、思考、講道理
龔劍制　著

英文常以「房間裡的大象」來表達明顯卻視而不見的事物。這樣的情況出現在孩子的教育上，就像大象跑到教室裡，變成了「教室裡的大象」。思考與講道理經常為人所忽略，但這卻是引導孩子養成素養的第一步。讓我們一起透過故事，看見原先忽略的「教室裡的大象」！

哲學很有事：十九世紀　　　　Cibala　著

最愛說故事的 Cibala 老師，這次要帶領大家，認識浪漫主義蓬勃發展的十九世紀，在這個站在「理性」與「進步」對立面上的時代，會有哪些哲學故事呢？馬爾薩斯認為人口的增長對未來有哪些影響呢？馬克思共產主義的核心價值是什麼？實用主義是種什麼樣的理論呢？快跟著 Cibala 老師一起探索，找出意想不到的大小事吧！

哲學很有事：二十世紀　　　　Cibala　著

最愛說故事的 Cibala 老師，這次要帶領大家，認識百花齊放的二十世紀，在這個一開始由「分析」與「解放」互相對立，到最後互相傾聽、理解的時代，會有哪些有趣的哲學故事呢？人類只不過就是一臺會思考的機器嗎？一家人之間長得像不像竟然也可以有哲學問題？絕對服從上級的命令，永遠是對的嗎？但如果上級命令我們為非作歹，可以不服從嗎？快跟著 Cibala 老師一起探索，找出意想不到的大小事吧！

國家圖書館出版品預行編目資料

一魚三吃！哲學、美學與批判思考／林斯諺著.――
初版一刷.――臺北市：三民，2023
面；　公分.――（Think）

ISBN 978-957-14-7652-0　（平裝）
1. 哲學 2. 美學 3. 通俗作品

100　　　　　　　　　　　　　　112008815

Think

一魚三吃！哲學、美學與批判思考

作　者	林斯諺
責任編輯	朱仕倫
美術編輯	陳宥心

發 行 人	劉振強
出 版 者	三民書局股份有限公司
地　址	臺北市復興北路 386 號 (復北門市)
	臺北市重慶南路一段 61 號 (重南門市)
電　話	(02)25006600
網　址	三民網路書店 https://www.sanmin.com.tw

出版日期	初版一刷 2023 年 9 月
書籍編號	S100470
ＩＳＢＮ	978-957-14-7652-0

本著作係經鏡文學股份有限公司／鏡好聽授權出版

三民書局